公共人力資源管理個案探討：
公務人員年金政策與制度改革多面向分析

林文燦 ◎著

五南圖書出版公司 印行

序

　　人生際遇或於緣起緣滅，或因緣聚合。105年5月20日，蔡總統第一屆任期就職前，已不記得那一天，有多位人士突然與我聯繫，其中一位是曾經擔任我的長官行政院人事行政局周前局長弘憲打手機給我，內容大致說，上面要仰仗我的人事專業，到銓敘部擔任政務次長，協助公務人員年金改革。回想當時心路歷程，從不可思議到接受，至今仍有些許茫然。因為我是常任文官出身，出任政務次長，完全不在我的思維之內；轉念接受，因為年改既然是不可逆的政策，何不進入政策規劃核心，或可憑所謂常任文官可貴的專業知識，提出專業的建言，俾完備年金改革政策與制度。

　　李顯龍於2021年出席首屆公共服務領導常年晚宴上發表演說：「為了取得成功。新加坡需要高素質公務員與一流政治領袖通力合作。」而新加坡的常任秘書即為我們的常務次長職位，其提供這種穩定及連結，對政府政策的規劃、執行和評估發揮關鍵作用。新加坡一位資深常任秘書嚴崇濤先生（按：資深常任秘書是職稱，其待遇與新加坡副總理比肩）在《新加坡發展的經驗與教訓──一位老常任秘書回顧和反思》一書提到一段話：「如果你問我在政府部門工作中，什麼能帶給我最大的滿足感，我會說，精確的分析讓我得出了正確的政策建議來指導我們的行動，這是對我工作的最大回報。政府官員們不只是進行管理，我們也必須能夠進行思考。」這句話應該是我們政府部門許多公務人員的心境與態度。至少，筆者就以擔任常任文官為榮、為傲。

　　以本書所敘，從107年7月1日正式實施之年金制度重大改革看，考試院審議通過的所得替代率為「本俸二倍的75%」，其數額較諸考試院102年送立法院所得替代率為「按本俸＋專業加給加權平均數的80%」高；但立法院107年

通過的退休所得替代率為「本俸二倍的60%」。質言之，退休所得替代率的決定，是高度政治化的產物。至於筆者為不負自己到銓敘部服務的初衷，而「基於專業而不負文官專業」之犖犖大端者如，為建立退休金財務永續制度，以法律規定將降低公務人員退休所得所撙節的經費如數挹注退撫基金，得以健全退休財務，這是我擔任銓敘部次長時的倡議，當然決策者的首肯，當是最重要的；其他如建議計算退休所得替代率的分母改以「本俸計算」，讓退休公務人員免於「退休所得接近現職人員待遇」之誤解（詳見第四章）。

　　年金改革是近年來直接衝擊文官制度及公務人員的變革，有關這個年金改革的成因、成效及對文官制度及政策面專業分析，或者說對文官制度的外部性（不利影響），筆者可能是少數幾位能夠提供政策最真實面貌者之一。因此，我於本書所引述的資料，有別於個別實務工作者，得以窺得全貌；對學術界而言，則得以提供基本素材，供進一步研究基礎。

　　記得大學時，我的老師謝延庚教授在講授「政治學」時，有一段發人深省，影響至深，至今記憶猶深，他說：「社會科學所處理的對象是『人』，人是主觀存在的，因人而異。因此，社會科學沒有定論的，因角度不同，就會有不同見解，各持己見，也都沒有錯，易相持不下，堅持己見，反而是錯的。」蘇東坡〈題西林壁〉一詩：「橫看成嶺側成峰，遠近高低各不同。不識廬山真面目，只緣身在此山中。」人難免從自己的角度觀天下，也因此難免產生對立的爭議。難怪聖哲很委婉地提醒我們「會當凌絕頂，一覽眾山小！」不錯，社會科學原無定論，只有角度問題，年金改革是個利益糾結的議題，不同立場，不同角度，自是其是，也無可厚非；但如能換位思考，有助於溝通及良性互動，也有其必要。是以，年金改革可以從不同角度觀察、討論及分析之。

　　本書計分九章：第一章公務人力老化問題之研究——高齡化組織概念初探；第二章公務人員年金改革的價值、理念與制度；第三章年金改革問題成因及可能發生影響之探討——非年金因素分析；第四章公務人員年金改革核心問題成因之探討——路徑依賴分析；第五章公務人員年金制度改革決策基礎之探討——資訊科技運用實例分析；第六章公務人員年金制度改革決策基礎之探討——數據決策導向研析；第七章有關公務人員年金改革「適當調整措施」機制建構之詮釋——系統思維的觀點；第八章公務人員年金改革財務永續性之開

源策略與策略人才管理模式結合之探討——策略的觀點；第九章公務人員年金改革成效及其對公務人力外部性分析——人才管理的觀點。

　　本書探討主題為具有高度爭議性的公務人員年金制度改革。雖然，筆者期待以嚴謹的態度，盡量做事實陳述，避免價值判斷。惟望能提供年金改革更貼近事實的第一手資料，提供學術界先進做進一步探討延伸的基礎。然終難免有所疏漏，或見解不同處，尚祈士林方家及實務專家指正，以期精進不懈。本書得以付梓，要感謝王永偉先生、蕭丞舜先生、鄭淑芬副司長及劉永慧司長的專業協助。最後，要感謝我的家人：吾妻素麗、吾子士羣及吾女宜萱常伴相隨，一路相愛；尤其愛妻一路相挺，書難盡懷，特誌之。

林文燦 謹序

111年12月

目錄

第**1**章

公務人力老化問題之研究——高齡化組織概念初探[*]

壹、前言

　　人類社會因人口結構劇變，各國面臨少子女化及高齡化所造成工作年齡人口逐年減少之嚴峻挑戰。一方面由於生育率劇降，Peter F. Drucker稱之為人類第一次集體自殺；另一方面「高齡化社會」來臨，意味著當今成長最快速的人口結構是65歲以上的高齡人口。依據Drucker的說法，許多人因為不瞭解人口結構的劇變，而做出錯誤的決策；在自由世界的已開發國家，供養高齡者將成為經濟和社會當務之急；新的人口結構，不但具有多重意涵，而且改變整體社會和經濟的面貌；人口結構改變的另一個意涵是，美國即將面臨傳統勞動力的短缺，因此未來十五年最核心的經濟問題在於，整合人力的需求與工作的需求，並象徵全球經濟和社會結構的改變（徐紹敏等譯，2010）。

　　在高齡化社會縮影下的政府部門，勢難免於高齡化公務人力的趨勢及其對於公務人力資源管理政策可能的影響。筆者認為既有高齡化社會，則必然有「高齡化組織」（ageing organization）。質言之，公務部門有無公務人力快速老化的趨勢，因而呈現組織高齡化的現象？政府部門是否進入高齡組織？是否進入高齡化組織？何時會進入超高齡組織呢？這些議題，仍少見相關論述。是以，本文嘗試提出「高齡組織」一詞，針對公部門之高齡化指標及相關因應對策研提初步建議，以供政府部門公務人力[1]規劃的參考。

　　但在進一步討論之前，必須先探討人力資源規劃的必要性，因為如前所述，Drucker說，許多人因為不瞭解人口結構的劇變，而做出錯誤的決策。因

---

[*] 原刊登於《人事月刊》第358期，2015年6月，頁18-27。
[1] 本文所稱公部門人力僅限一般簡薦委制公務人員，不含教育人員、警察人員及約聘僱等人員。

此，政府部門為避免做出錯誤的人力資源管理決策，就必須探討如何掌握正確的數據，進而分析並預測公務人力結構的變化趨勢，據以研訂前瞻性人事政策，防患於未然。

貳、公務人力資源規劃的循證分析

　　Drucker在《管理實務》（*The Practice of Management*）及《後資本主義社會》（*Post-capitalist Society*）等名著中，提出「員工是組織最有價值的資源」、「知識工作者取代勞力工作者」、「員工不是成本而是公司的資產」等論點，確定人力資源的價值與重要性。所謂人力資源，廣義係指一個國家整體的人力資源；狹義則指一個組織的人力資源。就本文的研究旨意而言，廣義的人力資源研究高齡社會；狹義人力資源管理則研究高齡組織。

　　履霜堅冰至，凡事豫則立，不豫則廢。人力資源供需是必須預為規劃。所謂人力資源規劃（human resource plan），係指公私部門在變動不居、高度競爭的環境中，在其使命、願景及策略指引下，蒐集、分析、預測及詮釋人力資源的供需情形及趨勢後，據以研訂人力甄補、吸引、留用、培訓、發展及新陳代謝等相關人力資源管理政策和措施，以確保組織能夠獲得適格人員的過程。重點在於如何蒐集、分析、預測及詮釋人力資源的供需情形及趨勢呢？人力規劃本質上就是人事決策，人事決策要建立在理性的基礎上。Thomas H. Davenport與Jinho Kim認為任何決策都會受到許多因素的影響，包括個人的經驗、直覺、檢測，或者資料與分析。當然，光憑經驗和直覺，也可能做出好決策，當決策者對眼前的事很有經驗時，尤其如此。但幾乎各行各業都有證據顯示，憑靠量化分析所做的決策較為正確、精確，成果也較好（錢莉華譯，2015）。

　　要做好資料分析，就要靠分析學。所謂分析學，就是廣泛運用資料、統計分析、量化分析、解釋模型（explanatory model）、預測模型（predictive model）和以事實為根據的管理，藉此產生決策並提升價值。按研究方法與目的不同，分析學可分為敘述性（descriptive）、預測性（predictive）和規範性

（prescriptive）三類[2]（錢莉華譯，2015）。但相同的是，這些分析學都建立自蒐集正確而客觀的資訊，透過合適的統計方法加以分析，然後利用不同領域的專業加以詮釋，在本文所指的專業領域係指人力資源管理的專業領域加以詮釋，進而定義問題、提出解決方案，防患於未然。

就人力資源管理專業領域而言，將研訂人事管理政策的決策基礎建立在科學分析、理性決策的基礎上，這就是所謂循證化人力資源管理（evidence-based HR management）。持平而論，人事政策不能再單靠經驗或直覺，而是輔以更多正確的數據及其統計分析結果，做出最適的決策。亦即「根據循證，做最適決策」，「循證」為研究人力資源管理政策的主流方法之一。

人力資源管理部門必須掌握機先，在勞動力缺乏現象或趨勢初萌之時，在積重難返之前，為了保證必要的勞動力，特別是優秀的人才，組織必須預為規劃具有前瞻性的人力資源管理政策，例如，預為建構一個讓任何年齡和性別的優秀人才友善的工作職場環境，及早啟動知識傳承管理機制及關鍵人才接班人計畫，以因應組織人力老化導致人才斷層、專業斷層可能的不利影響。由是本文聚焦於以公部門如何嘗試運用循證分析，預測組織老化的徵兆及趨勢，探討公務人力規劃決定的理性基礎，並思考如何前瞻地研訂公務人力管理政策處方箋。

參、高齡化社會

根據世界衛生組織（World Health Organization, WHO）的定義，65歲以上老年人口占總人口的比率超過7%的國家，稱為「高齡化社會」（ageing society），達14%稱為「高齡社會」（aged society），達20%稱之為「超高齡社會」（super-aged society）。依此界定，由國家發展委員會公布之「中華民

---

[2] INFORM定義descriptive analytics：分析資料找出過去事件的特徵和正在發生事件的趨勢；predictive analytics：分析資料來預測未來可能發生的事情；prescriptive analytics：分析資料來找出最佳措施、取得最優化的結果。資料來源：http://ack.hk/index.php/news/article/id/192，首次造訪時間2015年5月23日。

國人口推計（103年至150年）」顯示，我國65歲以上人口占總人口比率，於民國82年即超過7%，開始邁入「高齡化社會」；而由於戰後嬰兒潮世代陸續成為65歲以上人口，103年至114年將為我國高齡人口成長最快速期間，推估此比率在107年將超過14%成為「高齡社會」，於114年達20%成為「超高齡社會」（詳圖1-1）。[3]

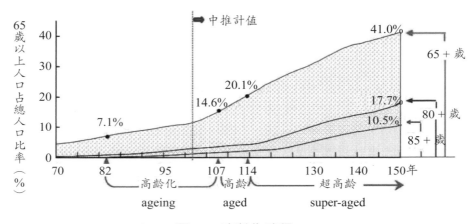

圖1-1　高齡化時程

說明：我國已於82年成為高齡化社會，推計將於107年邁入高齡社會，114年邁入超高齡社會。150年每10人中，即有四位是65歲以上老年人口，而此四位中則有一位是85歲以上之超高齡老人。

資料來源：國家發展委員會「中華民國人口推計（103年至150年）」。

　　我們面臨一個大的社會問題：年輕的工作人口持續萎縮，退休年齡逐年提高。傳統的工作年齡（14歲至65歲）的人口，和傳統的退休年齡（超過65歲）的人口，兩者之間的比例懸殊將快速惡化，唯一可以解決的辦法是，有愈來愈多繼續工作的老人會繼續工作到更大的年紀。有人預測在未來二十五年內，即使在美國，大多數人將繼續工作到70歲，也許不是全職工作，而是臨時或兼職人員（徐紹敏等譯，2010）。

---

[3] 國家發展委員會網站，103年8月18日新聞稿「中華民國人口推計（103年至150年）」，http://www.ndc.gov.tw/m1.aspx?sNo=0061246#.VPUwbVKZEps。

　　行政院為因應高齡社會之衝擊，業將「提升生育率，緩和人口高齡化速度」、「尊重及肯定多元勞動型態，營造友善職場」、「發展友善職場與家庭關係，兼顧家庭與工作之平衡發展」、「強化高齡者預防保健知能與服務」、「開發及運用中高齡及高齡者勞動力，研議漸進式及適齡退休制度」及「健全年金制度，確保年金制度財務穩健，並建構多元經濟安全支持體系」等施政方向，納入103年12月27日修正核定之「中華民國人口政策綱領」中，以作為政府未來人口政策之施政重點。

肆、公部門高齡化組織概念之建構

　　如前所述，本文試圖建立「既有高齡化社會，則必然有高齡化組織」的概念。高齡化社會縮影下的政府部門，無法自外於高齡化公務人力趨勢及其對於公務人力資源管理政策可能的影響。

一、問題分析

　　多數國家將退休年齡訂在65歲，但為什麼呢？根據Drucker的說法，為什麼退休年齡訂在65歲，上帝並沒有規定，其實，這是在1919年美國首度成立龐大退休金時規定的。當時的鐵路互助會不想支付退休金，所以請教精算師：「退休年齡應訂在多少，我們才不用支付退休金？」精算師經過仔細盤算後，設定為65歲，這就是65歲退休年齡的由來（徐紹敏等譯，2010）。茲依現行公務人員退休法令規定，目前公務人員之強制退休年齡上限為65歲，亦即在正常情況下，除政務人員外，公部門內之常任公務人員於屆滿65歲時均已屆齡退休。

　　是以，無法引據前述WHO的定義，採「65歲以上公務人員數占總公務人員數之比率」來作為判斷公部門是否達到高齡化之指標。至另一實務上常用來衡量人口老化程度之老化指數（aging index）：（65歲以上人口數）÷（14歲以下幼年人口數）×100%，亦因前述理由且亦無14歲以下幼年公務人員數而無法採用，致需另外尋找適合之公部門高齡化評估指標。

二、建立假設

　　依100年1月1日修正施行之公務人員退休法令規定，除部分因公傷病等部分特殊之退休情形外，原則得支領月退休金之最低年齡條件業提高至55歲。又依據公務人員退休撫卹基金管理委員會公布之數據顯示：自92至102年之十一年間，公務人員平均退休年齡約為55歲；支領月退休金者之平均退休年齡也約為55歲（詳表1-1）。是以，從公務人員退休制度之設計面與實務面來看，我們假設以55歲為判定政府部門「公務人員高齡」的基準點，故55歲以上而仍繼續任職者之「高齡公務人員」總數，相當於我國65歲以上存活之老人之人口總數。

表1-1　公務人員退休、資遣之平均年齡

年別	總平均年齡（歲）	退休（歲）				資遣（歲）
		退休平均年齡	一次退休金	月退休金	兼領一次退休金與月退休金	
92	55.62	55.86	57.18	55.41	59.73	46.34
93	55.50	55.85	57.79	55.40	60.23	42.88
94	55.15	55.41	56.72	55.14	59.37	42.01
95	55.03	55.21	55.49	55.01	59.48	43.49
96	55.32	55.47	56.50	55.29	59.21	43.56
97	55.45	55.53	55.87	55.42	59.44	43.71
98	55.19	55.25	56.43	55.15	59.26	44.60
99	55.10	55.16	55.10	55.10	59.97	43.43
100	55.18	55.20	54.82	55.16	60.88	46.89
101	55.27	55.29	55.40	55.27	58.86	45.65
102	55.42	55.44	53.51	55.47	59.65	46.76

資料來源：102年基金統計年報。

　　至於高齡公務人員占公務人員總數之比例態樣，則參酌WHO針對高齡化社會的定義，討論「55歲以上公務人員數占總公務人員數之比率」是否與高

齡社會人口結構態樣有匹配現象。如果「55歲以上公務人員數占總公務人員數之比率」也與WHO定義的人口結構態樣一致。於是，我們也將高齡組織的態樣定義為：55歲以上公務人員人數占公務人員總人數超過7%的機關，稱為「高齡化組織」，達14%稱為「高齡組織」（aged organization），達20%稱之為「超高齡組織」（super-aged organization），據以來評估公部門的高齡化程度，並作為公務人員人力規劃之循證決策參考。

三、假設檢驗

依據上述假設並經初步統計，93年至103年「我國65歲以上人口比率」由9.48%增加至11.99%；「公務體系（簡薦委）55歲以上人口比率」則由8.29%增加至13.29%，而各年度二者間之年齡結構百分比差距不大（詳表1-2）。

表1-2　台灣與公部門（簡薦委）年齡結構比較表

年度	年齡結構（%）	
	台灣 65歲以上	公部門 55歲以上
93	9.48	8.29
94	9.74	8.56
95	10.00	9.24
96	10.21	9.78
97	10.43	10.47
98	10.63	11.17
99	10.74	11.71
100	10.89	12.02
101	11.15	12.17
102	11.53	12.85
103	11.99	13.29

資料來源：內政部統計處、行政院人事行政總處。

依據Pearson相關係數（$\rho_{XY} = \dfrac{\Sigma(X-\overline{X})(Y-\overline{Y})}{\sqrt{\Sigma(X-\overline{X})^2}\sqrt{\Sigma(Y-\overline{Y})^2}}$）檢驗，計算出93年至103年「台灣65歲以上人口比率」和「55歲以上公務人員數之比率」之相關係數為0.977，具顯著相關，表示以「55歲以上公務人員總數之比率」來評估公部門的高齡化程度，與以「65歲以上老年人口總數之比率」來評估我國社會高齡化程度，二者間應具有相當高的正相關。

伍、公部門高齡化組織之預測與分析

在確定公部門高齡化定義之假設後，即嘗試以行政院人事行政總處公務人力資料庫內之簡薦委公務人員資料為基礎來進行預測，因人口數具序列相關（serial correlation）特質，亦即本期資料與「之前」或是「之後」的資料具相關性，故以時間序列分析法為本文之分析方法；就時間序列分析法中之「移動平均法」、「一階指數平滑法」及「一階自我迴歸模型：AR(1)」擇一模型進行預測。嗣經以均方差（mean square error, MSE）進行衡量模型預測精準度的比較後，選擇MSE值較小且能預測長期趨勢之「一階自我迴歸模型：AR(1)」來進行。

$$\text{AR(1) Model：} y_t = \beta_0 + \beta_1 y_{t-1} + \varepsilon_t，\varepsilon_t \sim \text{iid}(0, \sigma^2)$$

y_t：第t期（當期）的實際觀察值。

y_{t-1}：第t−1期（上一期）的實際觀察值。

$$\begin{cases} \hat{\beta}_0 = \overline{y}_t - \hat{\beta}_1 \overline{y}_{t-1} \\ \hat{\beta}_1 = \dfrac{\sum_{t=2}^{T}(y_t - \overline{y}_t)(y_{t-1} - \overline{y}_{t-1})}{\sum_{t=2}^{T}(y_t - \overline{y}_t)^2} \end{cases}$$

　　經過統計，在「公部門55歲以上公務人員數占總公務人員數之比率」相當於「台灣65歲以上老年人口占總人口之比率」之假設前提下，「公部門55歲以上公務人員數占總公務人員數之比率」不論由簡任、薦任、委任層級分別觀之或由整體來看，長期均呈現上升的趨勢；惟簡任55歲以上公務人員數占總公務人員數之比率，除由100年至101年及101年至102年分別驟增3.51%及1.79%外，自102年後至120年，預測將維持約48%左右，相對增幅較同期薦任及委任層級增加比率為緩（詳表1-3）。

　　另表1-3資料亦顯示，公部門55歲以上公務人員數占總公務人員數之比率在93年前即已達7%，預測將於105年超過14%，而於116年超過20%；亦即公部門在93年前即已進入高齡化組織，而將分別於105年與116年邁入高齡組織及超高齡組織。

陸、高齡化組織下的公務人力資源管理政策的意涵

一、塑造循證人力資源管理思維專業能力

　　人事政策決策的基礎有（一）經驗或直覺；（二）循證提供我們做理性決策的基礎。過去多數人事政策是經驗或直覺的產物，未來則將盡可能確保我們的決策建立在「數據」之上，而不是武斷或個人偏見之上，人事政策的決定要更仰賴循證化人力資源管理，從事人事決策時先要正確地蒐集數據後，再選擇合適的統計方法予以分析，透過人力資源管理專業知識的詮釋，據以訂定及評估人事政策。亦即「根據循證，專業的詮釋，做最適決策」。

　　一個稱職的人事人員從事人事政策決策與管理，須具備三種專業能力：資訊科技專業（蒐集）；統計分析專業（分析）；人力資源專業（詮釋），亦即人事專業要具有三種專業能力：資訊力、統計力及人資力。

二、正視多元公務人力的現象與趨勢，差別化管理人力資源

　　公部門人力資源管理面臨人口結構趨勢下，形成公務人力多元化的議題，多元化的公務人員並不是政府的選擇，而是個沛然莫之能禦的現象及趨勢。就

表1-3　公部門55歲以上公務人員數比率一覽表

年度	委任人員中 年齡達55歲 以上之比率（%）	薦任人員中 年齡達55歲 以上之比率（%）	簡任人員中 年齡達55歲 以上之比率（%）	55歲公務人員 占全體公務人員 之比率（%）
93	4.96	8.16	36.65	**8.29**
94	5.19	8.27	38.02	8.56
95	5.91	8.71	39.38	9.24
96	6.52	9.12	40.70	9.78
97	7.40	9.51	42.41	10.47
98	8.22	10.07	42.95	11.17
99	9.05	10.42	43.29	11.71
100	9.42	10.66	**43.35**	12.02
101	10.05	10.72	**46.86**	12.17
102	10.62	11.39	**48.65**	12.85
103	11.15	11.83	**48.36**	13.29
以下為預測值				
104	11.22	11.72	**48.32**	13.82
105	11.87	12.03	**48.13**	**14.38**
106	12.53	12.33	**48.03**	14.95
107	13.20	12.63	**47.99**	15.51
108	13.91	12.94	**47.98**	16.07
109	14.64	13.23	48.01	16.61
110	15.40	13.52	48.05	17.15
111	16.21	13.81	48.10	17.69
112	17.06	14.09	48.17	18.23
113	17.97	14.36	48.23	18.77
114	18.94	14.62	48.30	19.32
115	19.98	14.87	48.37	19.88
116	21.09	15.12	48.44	**20.46**
117	22.28	15.35	48.51	21.05
118	23.55	15.58	48.58	21.68
119	24.92	15.79	48.65	22.32
120	26.38	16.00	48.71	23.00

期間簡任層級之比率反呈現微降之情形

資料來源：全國公務人力資料庫。

人力資源管理的領域而言，呈現兩個現象：管理多樣化（managing diversity）及管理差異化（managing difference），其真諦則在於正視個體間的差異，並予以公平的對待；更進一步言，由於勞動力缺乏，為了保證必要的勞動力，特別是優秀的人才，組織必須創造出一個讓任何年齡和性別的優秀人才友善的工作職場環境。本文將研究定焦於高齡化的議題，老化趨勢下，公部門公務人力的老化已成為各國必須正視並及早回應之挑戰。

三、正視高齡化組織對人力資源管理政策的影響

當前人口結構改變的特徵為少子女化及高齡化。這種人口態樣不但改變了整體社會和經濟的樣貌，而且影響了傳統就業市場的供需法則。對人力資源層面的主要影響有二：第一，各國公私部門都面臨傳統就業勞動力缺乏的困境，這意味著我們必須善用高齡人力，鼓勵婦女勞動參與，並增置兼職人力；其次，就是各國幾乎無一倖免必須面對高齡人力供養所衍生的退休經費負擔日益沉重的問題。

四、審思延後支領月退休金年齡政策的負面影響

世界各國政府為因應高齡社會之衝擊，針對公部門人力之規劃主要係採「減少提前退休誘因」或是「延後法定退休年齡」之策略。而我國公務人員退撫制度自民國84年7月1日起，由全為政府給付之「恩給制」，改為由政府與公務人員按比例撥繳退撫基金費用共同籌措退撫經費之「共同提撥制」後（即所稱公務人員退休撫卹新制），再於100年1月1日修正後施行，其修正重點即包括了「刪除55歲自願退休加發五個基數退休金規定」及「延後月退休金起支年齡（即由外界俗稱之75制延長為85制）」等因應高齡化衝擊之措施。

對照表1-3資料，於100年1月1日修正後之公務人員退休撫卹制度開始施行後之101年及102年間，簡任55歲以上公務人員數占總公務人員數之比率有大幅增加之現象（分別增加3.51%及1.79%），顯示該新制度之實施，簡任55歲以上公務人數確有增加，亦即對簡任公務人員而言，似有產生延後退休之效果；惟由104年至120年之推估觀之，薦任及委任55歲以上公務人數之比率亦似分別因簡任及薦任公務人員延後退休而無缺晉升官等之機會，導致該比率持續增加

而無趨緩之勢，顯示中層與基層公務人員因延後退休之現象使其陞遷有受阻之情形發生，久之恐產生打擊士氣問題。

綜上所述，為解決中高階職務缺額與輪動彈性減少之現象，政府應建立快速陞遷體制，給予優秀人才優先陞任之機會以激勵士氣，並參考新加坡政府採用跨類科或跨部會方式，積極鼓勵公務人員跨部門、跨機關職務歷練或中央與地方公務人員交流歷練，以增加工作的深度與廣度，落實工作豐富化並提升公務人員能力。

五、審思延後支領月退休金年齡政策的前瞻性配套措施

依據資料分析，我國政府部門在93年前即已進入高齡化組織，將於105年邁入高齡組織，並於116年邁入超高齡組織。爰公部門應營造友善之高齡職場環境，如檢討公共空間及設施（如走道、廁所設置相關輔助器材、購置大螢幕電腦等）；以及考量資深人員狀況，定期評估設計適合高齡人力之工作內容；並及早啟動知識管理機制，有計畫地將關鍵人員的專業隱性知識予以外顯化，透過資訊科技予以有效地儲存與加值運用；此外必須及早規劃關鍵性人才接班人計畫，避免人力資源之運用及經驗知識之傳承產生斷層之現象。

另瑞典、德國、加拿大等國，已提出社會安全制度改革，包括增加退休彈性制度，例如漸進式退休、部分工時的部分退休，亦即如原本屆齡退休，係直接從職場轉入退休階段，若採取漸進式退休機制，則是改鼓勵屆齡退休者繼續工作，但大幅降低工時，例如只上半天班、一週只上幾天班，兼顧政府退撫負擔外，也可創造一部分職缺以助新血注入。

柒、結語

政府公務人力的質與量攸關國家整體運作效能，期盼透過「高齡化組織」概念的提出，進而發展為有效診斷政府組織人力老化情形的工具，而使各機關能在面臨未來高齡化人口結構時，及早發現組織老化的現象及趨勢，使得各主管機關得以儘早規劃公務人力運用的最佳模型，或者遞延公務人力退休年齡及

及早延攬、培育優秀人才，使公務人力資本獲得最好的淬鍊與運用，進而確保政府整體運作之續航力。惟制度的改革就如同利劍的雙刃，惟有針對現行人事制度通盤而全面的完整檢視，始能將制度改革所可能衍生的問題降至最低，創造人民與政府雙贏局面。

參考書目

徐紹敏、陳玉娥、顧淑馨譯，2010，《杜拉克跨世講堂》，時報文化。譯自Peter F. Drucker and Rick Wartzman. *The Drucker Lectures: Essential Lessons on Management, Society and Economy*. McGraw-Hill Inc., 2010.

錢莉華譯，2015，《輕鬆搞懂數字爆的料：不需統計背景，也能練就數據解讀力》，天下文化。譯自Thomas H. Davenport and Jinho Kim. *Keeping Up with the Quants: Your Guide to Understanding and Using Analytics*. Harvard Business Review Press, 2013.

第**2**章
公務人員年金改革的價值、理念與制度[*]

壹、前言

　　年金制度改革從民國95年開始，歷經100年二次修法，102年立法院未完成立法。這三次改革的成效如何？有沒有達成原訂的政策目的？年金改革的政策目的難道只在降低公務人員退休所得嗎？難道沒有其他或甚至更重要的政策目的嗎？換言之，如果年金改革不只是降低退休所得，還有其他重要目的，從制度的可長、可久及可運作性而言，或許我們可將年金改革定位成為「制度建構」，如是，那麼探討年金制度建構的價值、理念及法規體系三者之間關係，才是年金制度改革更應關注的課題，這也是本文的研究旨趣所在。筆者認為一個沒有清晰價值與明確理念的年金制度改革，改革者與被改革者都是受害者，社會與個體皆蒙其害。

　　人類是社會動物，因合作之需要，組成各種類型的組織，其中公部門組織是一個超大型社會組織，其制度建構、設計的良窳攸關其內部顧客（公務人員）及外部顧客（服務對象）福祉。若冀求公共組織運作良好，發揮最大合作能量與效益，解決各種重大問題，則在規劃、設計組織的制度時，應始自一套明確的價值體系，再搭配特有的理念，綜合規劃出結合價值、理念的制度，透過「價值」、「理念」與「制度」等三者緊密結合，方能確保組織發揮應有的效能。孔子所言：「為政以德，譬如北辰，居其所而眾星拱之。」就是這個道理。一套有政策理念與可運作的社會制度，背後都隱含了一套價值體系。有了明確的價值體系，就會有理念，有理念就會有制度，然後使之運作無礙（如圖2-1）。

---

[*] 原刊登於《人事行政》第202期，2018年1月，頁47-62。

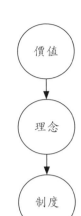

圖2-1　制度規劃、設計之價值、理念及制度關係

資料來源：筆者自繪。

　　年金改革是制度整體的變革，它具有多元的政策目的，絕非單一地降低公務人員的退休所得。要之，從年金改革背後的價值意涵，到政策理念，以及制度的技術面設計，必須要有一套完整的價值指引、政策理念的落實及制度運作可行規劃，已如前述。那麼，什麼最能彰顯公共人事制度價值意涵呢？在公共行政（含公共人事行政）學術與實務界較為一般接受的是「功績制原則」，而「功績制原則」的實質內容到底是什麼？為釐清年金改革制度背後的價值，就有再行探究之必要，尤其是在年金改革的政策辯論過程中，理論與實務界對於人事行政學領域的「功績原則」各有解讀，甚而發現部分學者、專家對於功績原則認知，可能是望文生義的「說文解字」，使得年金改革應追求的政策目標及其制度之設計，增添更多的爭議。

　　公共行政學界的耆宿彭文賢老師，在我攻讀碩士學位及博士學位時，一再要求我們要「治原典」，「以經解經」。於是，筆者再一次重讀美國聯邦政府人事制度改革歷史，再一次將美國1978年「文官改革法」的功績原則詳細研讀，再一次「自我詮釋」功績制原則的真實內涵，發現「待遇及退休制度」在「同工同酬」的功績原則下，背後的價值為追求社會公平的「公平價值」，而非拉大所得差距的「效率價值」。這一點認知對於年金改革的制度設計，關係重大；對於「公務人員退休資遣撫卹法」及其施行細則的研議，關係重大。

貳、公務人員年金改革的價值選擇

　　首先，何謂價值（value）？所謂價值觀是一種處理事情判斷對錯、做選擇時取捨的標準。針對制度設計或政策決定的價值判斷，通常有二個型態：第一，價值的評估判斷：它是針對運作中的制度或執行中的政策，判斷對不對，或是不是正當；第二，價值的決策判斷：它是針對設計中的制度或規劃中的政策，判斷到底對不對，或者正當不正當？不同的價值選擇，影響了制度的設計或政策規劃的實質內容。公共部門價值體系可分為目的性價值及工具性價值，目的性價值與工具性價值或許存在一種主從的關係；或可直接地說有目標與手段的關係。比較具有討論性或爭議性的是，工具性價值內的效率價值與公平價值的關係。

　　Jeremy Bentham為功利主義的創始人，1786年於牛津的咖啡館看書時，不經意看到《政府論隨想》一書中「最大多數的最大幸福」這句名言，大受感動，提出「統治唯一正確而且可視為正當的目的，是最大多數人的最大幸福。」（李毓昭譯，2001：18-19）我的老師謝延庚教授在「西洋政治思想史」課程中，論及「政府存在目的」時，曾說過「政府存在的目的在創造最大多數人的最大幸福」。準此，政府的「目的性價值」較無爭議，即在求得最大多數人民的最大幸福。

　　至於公共部門內的工具性價值，一直是公共行政學術與實務領域內，最具爭議性的議題，我國公共行政學術與實務深受美國影響，因而針對美國公共行政價值，稍加梳理有其必要。1887年Woodrow Wilson發表〈行政的研究〉（The Study of Administration），主要的論點有，政治行政二分，行政是追求效率，聯邦政府人事制度上則揚棄「分贓制」，實施功績制。隨後，Frank J. Goodnow於1900年主張行政學與政治學的分離；Frederick Winslow Taylor開始了科學管理的研究，奠定了以「效率」為價值的公共行政研究。新公共行政的最大理論特徵，就是強調了社會公平在公共行政理論與實踐中的核心地位。弗雷德里克森（H. George Frederickson）認為，效率與經濟固然是公共行政中不可缺少的支柱性價值，但僅僅有效率與經濟仍然是不夠的，社會公平（social equity）應該成為公共行政的第三支柱（李梅，2006）。90年代美國政府再造運動是奠基於新公共管理的思潮，因此在改革的過程中發現，強調行政效率的價值勝於關注社會公平的議題。而行政效率和社會公平的爭論，一直是公共政策上最大、最難的選擇。

公共行政價值隨著時代而競逐，或因特定事件，或因特定人物，而有所偏重執擇，但要注意的是，效率價值與公平價值間沒有取代而擇一的問題。多數學者認為，在理念論述常是價值間取捨（trade-off）的關係，但實務運作上通常會兼容並蓄各種價值並反映在人事制度及法規上，以功績制原則為基底的美國聯邦政府人事制度設計上。

要究竟「功績制原則」之真實，必須從美國聯邦政府文官制度發展系絡探求真義。從歷史脈絡分析，功績原則是為了掃除分贓制度而誕生。1883年至1937年間，對於美國以功績原則為基礎，而發展出的公共人事行政極具重要性。它以功績原則及政治中立（political neutrality）彰顯文官的理想面，所謂功績原則就是有一群有能力而有承諾感的永業公務人力，且其舉止上就像是企業般。所謂功績原則的重點就是以能力取材，而袪除政治決定的功績原則（Klingner and Nalbandian, 1993; Nigro and Kellough, 2006; Brewer and Kellough, 2016），將聯邦政府人事管理應遵循的功績制度原則（merit principles）擴大成九項（施能傑，1999）：

一、公務人員之甄補應從適當來源中選擇合格人員，並致力於使社會各階層勞動人力均被涵蓋。考選與陞遷應該經由公平與公開的競爭程序為之，確保所有公務人員與申請職位者皆享有平等的競爭機會，最後的決定則應完全根據公務人員與申請職位者的相對能力、知識與技能。

二、政府的所有公務人員與申請職位者，不因其政黨隸屬、種族、膚色、宗教信仰、出生國籍、性別、婚姻狀況、年齡或身心障礙情況等因素，在人事管理的每一面向上，都享有合理與平等的對待；其隱私權和憲法賦予之權利也應得到適當之尊重。

三、公務人員俸給應以同工同酬為原則，並考慮全國性與地方性的民間企業薪資水準。（Equal pay should be provided for work of equal value, with appropriate consideration of both national and local rates paid by employers in the private sector.）工作績優者也應給予適當之報償與肯定。

四、所有公務人員均應維持高度的廉潔及行為標準，並且重視公共利益。

五、有效率地及有效能地運用聯邦政府人力資源。

六、公務人員留任與否應以其工作表現良劣程度決定之，但是對績效不佳者，應先行協助改善。真正無法或無能改善其績效至預定要求之標準者，應不給與續任。

七、若公務人員獲得教育與訓練機會後，就能增進其個人與組織的績效時，該機會應提供之。

八、公務人員不受主管專斷行為、個人徇私之迫害或基於黨派政治性目的之脅迫，及不得運用職務上權威或影響力，干擾或影響選舉之結果或選舉提名人選之選擇。

九、公務人員基於下列情事而合法地揭露真相時，不受報復：（一）當其認為有證據顯示有違反法律、命令或規章之情形；（二）當其認為有證據顯示有管理不當、浪費公帑、濫用權威或對公眾健康與安全構成具體與實質危害之事實。

　　美國聯邦政府功績制保障委員會根據有關法律條款而歸納的功績制九項原則中，幾乎在強調「公平」價值，少談及「效率」價值（Hughes, 1998）。與本文有關的待遇制度在九條功績制原則中第三項，從這一原句中看到美國聯邦政府法律，對公務員薪酬制度的核心規定，強調的是「同工同酬」的公平，並把它作為決定薪酬等級和水準的前提。美國聯邦公務人員待遇制度強調的是待遇公平（pay equity）。一般俸表（general schedule, GS）制度，規定於美國法典第五篇第五十三章（5 United States Code Chapter 53）。聯邦員工即依其所歸列之職等及相關法律、法規規定支給待遇。

　　美國總統卡特、雷根引進整體待遇（total compensation）概念，以整體規劃公務人員的給與事項。所稱整體待遇項目，除現職人員所支各項勞務對價給付項目外，尚包含保險及退休給付。美國公務人員退休給與，舉例而言，無論是1984年以前的「文官退休制度」（Civil Service Retirement System, CSRS），1984年制定、1987年施行的「聯邦僱員退休制度」（Federal Employees' Retirement System, FERS），改革後，後者較前者低，但都是以適用一般俸表

的最後三年平均年薪，因此，待遇制度既然是落實「公平價值」，退休制度自然也隨之展現「公平價值」。亦即，退休制度與待遇制度是基於同樣的價值基礎設計。

綜而言之，公共人事行政功績制原則的價值取向，在政府的系絡下是偏向「公平」的價值。待遇制度的價值取向也偏向於「公平」價值，從整體待遇的概念分析，公務人員的待遇除薪酬制度外，也包含退休或年金制度。為提高公務人員績效，提高行政效率，建立在落實「同工同酬內在公平」功績制原則之公務人員報酬制度，應導入追求「效率價值」的績效薪（performance related pay）或功績俸（merit pay），至於維持同等退休生活水準的退休或年金制度，應追求「公平價值」。

我國公務人員人事制度下影響到與年金制度改革有關的二個制度及其價值為：一、公務人員的待遇制度，二、公務人員退休制度。退休制度往往附麗在待遇制度之上，因而這二個制度基礎雖分別指涉到相同的公共行政價值──公平價值，但二者還是有些許差異，待遇制度背後的價值是在公平的基礎上，再加入一些差別的因素，如貢獻、知識、技術等，以反映各類人員勞動市場價值，為創造不同人員的貢獻及反映不同勞動價值，為激勵員工，創造價值，反映在待遇制度上的就是所謂高低差距。退休人員退休金追求公平。現職公務人員待遇性質，特重在反映員工個人專業及勞動價值，故現職待遇標準高低差距拉大；退休所得的性質，旨在維持退休人員退休後基本經濟生活安全，強調公平原則，高低差距拉近。筆者認為退休人員所得替代率自應遵循公平價值設計之。

參、公務人員年金改革的理念架構

公共價值不僅僅與政府方案的實施方式有關，不僅僅對執行措施、政策及干預等中層或微觀關注（meso- or micro- level concern），更甚者，公共價值攸關政策系統內資源操控的治理取向或政府內部運作藝術（Connolly and van der Zwet, 2021）。1980年代以來，由於各國普遍面臨人口持續老化、經濟情勢不

佳及失業率攀升等問題，年金制度逐漸成為國家重大的財政負擔。為謀妥善因應解決，許多國家已積極研議或陸續進行年金制度改革。有關各國年金改革之趨勢分別彙整說明如下：[1]

一、OECD國家年金改革理念與原則

　　經濟合作暨發展組織（Organization of Economic Cooperation and Development, OECD）自2005年起，即持續追蹤相關國家年金改革情形，並每二年發表一次「Pensions at a Glance」報告。依據OECD彙整歸納其34個會員國自2004年至2013年十年間，各國年金改革之目標與原則，可從退休—所得（retirement-income systems）給付架構中的六個面向加以檢視：（一）年金系統的覆蓋率（包含強制性與自願性計畫）；（二）退休給付的適足性；（三）財務永續性與可負擔性之承諾；（四）鼓勵受僱者工作更長及工作時儲蓄更多之誘因；（五）提升行政效率，將年金制度之營運成本降到最低；（六）給付的社會安全功能（OECD, 2013）。

二、兼顧總體面之年金財務的永續性及個體面之個人退休所得的適足性

　　OECD最新研究報告指出，各國為達成財務永續性之目標，所採取之降低或限縮各項給付措施，對於人民老年的生活水準已造成嚴重的後果。而改善退休所得適足性，可同時解決所得替代率與重分配之問題。儘管有關改善年金制度財務面的策略仍為主要的關注焦點，一些國家業已採取若干措施，諸如增加年金系統的覆蓋率、提高年金給付水準、對於退休所得適用較低稅率等，以提升人民退休所得的適足性（OECD, 2015）。

　　另根據歐盟2015年的專題研究（European Semester Thematic Factsheet）也特別表示，歐洲國家的年金制度面臨「維持財務永續性」與「提供退休人員適足退休所得」之雙重挑戰；同時並強調年金與退休政策最主要之目標，係確保「退休所得適足性、財務永續性及提升就業率」（European Commission,

---

[1] 本節資料感謝時任審計部人事室劉主任永慧鼎力協助。

2015）。

此外，德盛安聯集團（Allianz）於2015年1月發表之「Retirement Income Adequacy Indicator」一文中特別指出當今全球退休的最新思潮：「健全的退休金制度，光有永續性是不夠的，還得要有充裕的適足性！」並首度公布「退休所得適足性排名」，調查對象包含49個國家。Aaron George Grech在「How Best to Measure Pension Adequacy」研究報告中也表示，世界銀行對於年金改革的立場，由以往對於財政持續性的關注轉變為「年金必須提供適足性、負擔得起的、永續性的、穩健的利益」（Allianz, 2015）。

所得適足性是年金制度的中心目標，究竟什麼是老年給付的適足性呢？OECD（2013）指出，其實適足性很難定義，當其應用到社會給付時，其本身就承載了政治性。Allianz（2015）也認為，退休所得適足性是一個相對性的測量，並沒有一個通用的方法，因其高度依賴利害關係者所使用之目的。

退休所得狹義定義是足以支應老年資源的絕對最低水準；廣義的定義則是指，透過一個政治性的範圍，其足以應付老年貨幣性與非貨幣性的需求；最廣義的定義則是足以維持其退休前的生活水準。所以當我們要設定適足性水準，或評估退休給付的適足性時，端看我們使用哪一種定義。若根據最狹義定義，通常使用絕對與相對的標準來衡量老年所得貧窮；物質剝奪與社會排除風險則用以衡量較為廣義的適足性。而適足性是指絕對水準（預防貧窮）以及相對水準（所得替代率）。年金制度應能夠足以讓全體退休者免於絕對水準的老年貧窮。

肆、公務人員年金改革制度設計的價值、理念與法規體系

106年年金改革的「公共價值」指引是公平價值。質言之，在政府系絡下的公共人事行政「功績制」原則，是拉近差距的公平原則，而非拉大差距。至於OECD揭示的年金改革的理念與原則，經衡酌我國年金改革特有的社會一經

濟條件，主導現階段年金改革制度的主要理念為，兼顧一、整體面之退撫基金財務的永續性；及二、維護個體面之公務人員個人退休所得的適足性。

　　綜合上述年金的公平價值及二個理念，展現在年金改革制度規劃與設計的三個層面：一、年金改革撙節經費如數挹注退撫基金，以求得退撫基金財務的永續性；二、建構年金改革天花板與樓地板，以求得合理規劃退休人員合理而維持基本、尊嚴的生活水準；三、設計所得替代率分母以本俸加一倍計算，以求得人員間、新舊間及職務間退休所得的公平給付。

一、年金改革的價值、理念體系指引

　　公平的公共價值在年金改革實務之指引，退休所得既在追求公平價值，因此（一）建立在職務結構上高低職等間、主管非主管間的層級節制差異（垂直方向差異）的退休所得差異，當求其公平，所得差距宜拉近；基此原理，（二）不同專業別（公務人員專業加給有25種之多，高低不同）而職等相同退休人員，其退休所得宜相同，以求公平。（三）不同職業別（公務人員支領專業加給，教師支領學術研究加給，職業有別，學術研究費標準高於一般公務人員專業加給。）相當等級公教人員其所支退休所得宜相同。在計算公教人員所得替代率時，如果公務人員用本俸及專業加給加權平均數的合計數當分母；教師用本薪及學術研究加給合計數，在相同的所得替代率之下，教師退休所得高於相當等級的公務人員退休所得，並不公平；反之，若計算所得替代率時，若均以本俸（薪）加一倍為分母內涵，其退休所得相同，方屬公平。（四）適用新舊制人員間退休所得的公平，公務人員退休金之計算自始僅以本（年功）俸（薪）為計算基準，且為「恩給制」，並未提撥退休基金；於退撫新制實施時，以（年功）俸（薪）二倍為繳付退撫基金及退休金給付之基準，為符合權利義務對等原則，退休時相同退休俸額之1.純舊制退休人員、2.具有新舊制年資及3.純新制人員，在同一個所得替代率之下應支領相同數額的退休金，方屬公平。

　　據上，在計算退休所得替代率時，分子值與分母值應用相同標準計算始符公平，爰宜以公務人員最後在職同等級人員每月所領本（年功）俸（薪）額加一倍金額為分母值之內涵，以求各類退休公務人員間退休給付權益之衡平並兼

顧繳費之權利義務對等原則。

　　退休提撥率與退休給付率採用相同基準之退撫新制實施以後，退撫給付改採儲金制，更強調繳費與給付間之權利義務對等原則。因此，鑑於公務人員待遇高低有別，若以公務人員實際薪資計算退休金，即造成不同類別公務人員繳費及退休給付基準之不公平。

二、理念的平衡：兼顧整體面之退撫基金的財務永續性及個體面之個人退休所得的適足性

　　由各國年金改革的實施經驗可知，政府在做各項政策決定時，往往是權衡取捨（trade-off）的結果。過去各國藉由降低年金給付水準，以減輕年金制度造成的財務壓力，雖可使財政永續性獲得改善，但因忽略退休人員退休所得適足性，可能引發其他社會問題。因此，儘管年金制度改革面對種種壓力，現今各國政府已體認仍有必要採取相關措施，以保證提供兼顧人民安全、適足、具財政永續性的老年經濟安全制度。

（一）維持整體面之退撫基金財務永續性

　　我國軍公教人員退撫基金財務問題，解決之道不是開源，就是節流。開源之道不外，1.提高提撥費率，但杯水車薪；2.提高基金經營效益，但不可期；3.編列公務預算退撫經費，但不可行。節流之道不外靠「領少、延後退」撙節經費，且成為自95年開始，歷經100年二次，以及102年曾送立法院未完成立法的年金改革方案的主要手段。但這些開源節源措施對於抒解退撫基金財務沉重擔，並無多大助益。以102年未完成立法的年金改革方案為例，該方案對退休公務人員退休所得影響稍低於106年年金改革方案，惟只延長退撫基金六年財務不用罄。

　　106年年金改革最大的特色是將「節流」轉入「開源」，把降低個人的退休所得所撙節退撫基金經費支出，「如數」挹注回「公務人員退撫基金」，以換得基金財務的永續。這個政策構想源自筆者服務於行政院的公務經驗——「行政院為利推動軍教課稅時，曾有課多少，補多少的執行策略」，於是「撙節多少，如數挹注」的政策構想，經採行，透過立法成為制度，這個政策目標

除具有崇高的哲學思維與社會安全理念外，更有其工具性價值，那就是個人退休所得要降低多少數額才合理，絕非市場般討價還價的政治議價結果，兼顧退撫基金財務一個世代（二十五年至三十年）永續以及適足的個人退休所得，進而透過財務精算，試算出降低退休公務人員所得替代率後所撙節的經費，挹注回退撫基金後，可以維持一個世代退撫基金財務永續性，如表2-1。

（二）兼顧維持退休基本生活之退休所得適足性

此外要知道，基金永續不過是一種手段，最終目標是要使得退休人員「領得合理，領得到，領得長長久久」。無限上綱的降低個人退休所得，導致社會充斥「下流老人」，絕非年金改革樂見的政策目標。因此，年金改革的政策理念就是在尋得「年金財務永續與個人所得適足性平衡點」——建立合理的退休所得樓地板及天花板。樓地板旨在建構退休公務人員最低生活保障，年金制度是社會安全網極為重要之一環，政府應提供基本經濟安全保障，使國民得以安享老年生活。由於軍公教人員的雇主是政府，故由政府負起軍公教年金給付責任，以確保老年經濟安全。惟基於憲法揭示的平等原則及對於基本人權的實踐，提供老年基本經濟安全保障，應是國家對全體中華民國國民的承諾。因此，政府應提供全體國民基本安全保障金額，使其享有相同之老年基本安全保障為保障公私部門年金之基本安全保障（樓地板），使退休人員退休所得能維持基本生活，參照司法院釋字第280號解釋曾認定退休所得如低於「委任第一職等本俸最高級之本俸額及專業加給合計數額」（111年度為3萬4,470元）即難以維持退休人員基本生活，爰訂定基本安全保障金額——即樓地板數額（3萬4,470元），作為政府受僱者的基本安全保障金額。

三、年金改革法規體現價值、理念及制度設計

價值、理念與制度的結合，落實於法規條文，其體系架構如圖2-2。

表2-1　公務人員年金制度改革方案綜合調整成本效益分析表

改革方案	政府財務分析			退撫基金財務分析			
	舊制年資退撫經費	退撫基金提撥成本	退撫基金提撥收入	未提存應計負債	收支不足年度	用罄年度	最適提撥率
現行制度	17,893	4,017	6,180	10,424	108	120	39.60%
以考試院審查通過方案三十五年、80%→70%做分析							
提撥率升至18%財務影響評估　全部	-4,203	1,813	2,790	-679	不變	124	35.70%
把注退撫基金　全部	0	1,813	2,790	-679	120	133	
二分之一	-2,102	1,813	2,790	-679	109 / 113	128	
提撥率升至15%財務影響評估　全部	-4,203	959	1,475	-679	不變	122	35.70%
把注退撫基金　全部	0	959	1,475	-679	114	129	
二分之一	-2,102	959	1,475	-679	109	125	
以銓敘部原提方案三十五年、75%→60%做分析							
提撥率升至18%財務影響評估　全部	-7,346	1,813	2,790	-1,071	不變	125	32.90%
把注退撫基金　全部	0	1,813	2,790	-1,071	123	139	
二分之一	-3,673	1,813	2,790	-1,071	114	130	
提撥率升至15%財務影響評估　全部	-7,346	959	1,475	-1,071	不變	123	32.90%
把注退撫基金　全部	0	959	1,475	-1,071	120	134	
二分之一	-3,673	959	1,475	-1,071	111	127	

資料來源：銓敘部106年度辦理「公務人員退休制度調整成本分析精算」委外研究案。

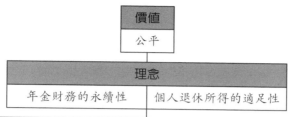

圖2-2 年金改革之價值、理念及制度架構

資料來源：筆者自繪。

（一）年金改革撙節經費如數挹注退撫基金

106年8月9日總統令公布並訂自107年7月1日施行之公務人員退休資遣撫卹法（以下簡稱退撫法）第40條及公立學校教職員退休資遣撫卹條例（以下簡稱退撫條例）第40條等規定。

項目	公務人員退休資遣撫卹法	公務人員退休資遣撫卹法施行細則
節省經費挹注退撫基金	第40條 （第1項）退休公務人員退休所得依第36條至第38條規定扣減後，各級政府每年所節省之退撫經費支出，應全數挹注退撫基金，不得挪作他用。 （第2項）前項挹注退撫基金之金額，由考試院會同行政院於退休公務人員每月退休所得調降後之次年3月1日前確定，再由基金管理機關依據預算程序，編列為下一年度預算並由各級政府於年度預算完成立法程序後撥付之。 （第3項）前項每年度之挹注金額，由基金管理機關定期上網公告之。	第102條 （第1項）本法第40條第1項所定各級政府每年節省之退撫經費支出應全數挹注退撫基金，依下列規定辦理： 一、各級政府應於每年1月31日以前，將所屬退休人員前一年度依本法第36條至第39條規定計算後減少支付之下列金額，彙送銓敘部審核： （一）優惠存款利息。 （二）退撫新制實施前年資所計發之月退休金（含月補償金）。 二、銓敘部就各級政府依前款規定所審

項目	公務人員退休資遣撫卹法	公務人員退休資遣撫卹法施行細則
		核之金額，報請考試院會同行政院，於每年3月1日前確定應挹注退撫基金之金額，再由基金管理會編列為下一年度預算。 三、各級政府於前款應挹注退撫基金之金額確定後，應報請第100條第2項所定支給機關，依預算法令編列為下一年度歲出預算。 （第2項）各級地方政府依前項第3款規定編列之下一年度歲出預算中，直轄市政府、縣（市）政府及鄉（鎮、市）公所應挹注部分，由財政部及中央主計機關分別以中央統籌分配稅款、一般性及專案補助款代為撥付退撫基金。 （第3項）前項所定以中央統籌分配稅款、一般性及專案補助款代為撥付退撫基金之撥付期程及金額，由銓敘部通知財政部及中央主計機關配合辦理。 （第4項）依本法第40條第3項規定定期上網公告之挹注金額，應於考試院會同行政院確認後，揭露於銓敘部網站。

資料來源：筆者整理。

　　為確保年金改革撙節經費如數挹注退撫基金，特別在退撫法施行細則第102條第2項規定，由財政部及中央主計機關分別以中央統籌分配稅款、一般性及專案補助款代為撥付退撫基金。

（二）年金改革的天花板與樓地板，實現人事管理目的，保障退休基本生活

項目	公務人員退休資遣撫卹法	公務人員退休資遣撫卹法施行細則
替代率上限	**第37條** （第1項）本法公布施行前退休生效者之每月退休所得，於本法公布施行後，不得超過依替代率上限計算之金額。 （第2項）前項替代率應依退休人員審定之退休年資，照附表三所定替代率計算，任職滿十五年者，替代率為45%，其後每增加一年，替代率增給1.5%，最高增至三十五年，為75%。未滿一年之畸零年資，按比率計算；未滿一個月者，以一個月計。 （第3項）前項替代率之上限，依退休人員審定之退休年資，照附表三所列各年度替代率認定。 （第4項）前三項所定替代率，於選擇兼領月退休金者，各依其兼領一次退休金與兼領月退休金比率計算。 （第5項）本法公布施行前退休生效者，應按本法公布施行時之待遇標準，依前四項規定重新計算每月退休所得；經審定後，不再隨在職同等級人員本（年功）俸之調整重新計算。 **第38條** （第1項）本法公布施行後退休生效者之每月退休所得，不得超過依替代率上限計算之金額。 （第2項）前項替代率應依退休人員審定之退休年資，照附表三所定替代率計算；任職滿十五年至第三十五年者，照前條第2項規定辦理；超過第三十五年者，每增加一年，增給0.5%，最高增至	**第34條** （第1項）中華民國107年6月30日以前已退休生效之公務人員，自107年7月1日起之每月退休所得，由審定機關按107年度待遇標準，依本法第36條、第37條及第39條規定，計算各年度可辦理優惠存款金額、利率及每月退休所得並重為行政處分後，通知當事人、支給及發放機關（構），依審定結果發給月退休金及優惠存款利息。 （第2項）前項人員擇領展期月退休金而於中華民國107年7月1日以後開始領取全額月退休金者，自開始領取全額月退休金以後各年度可辦理優惠存款金額、利率及每月退休所得，由審定機關依前項規定辦理。 （第3項）前項人員自中華民國107年7月1日至開始領取全額月退休金前之各年度可辦理優惠存款金額、利率及每月退休所得，由審定機關按其審定之退休年資、退休金計算基準及107年度待遇標準計算每月月退休金（含月補償金）後，再依第1項規定辦理。 （第4項）第1項人員擇領減額月退休金者，自中華民國107年7月1日起各年度可辦理優惠存款金額、利率及每月退休所得，由審定機關按所領減額月退休金，依第1項規定辦理。 （第5項）本法第36條及第39條所稱原金額，於中華民國107年6月30日以前已退休生效之公務人員，指依本法公布施行前規定計算之每月退休所得。

項目	公務人員退休資遣撫卹法	公務人員退休資遣撫卹法施行細則
	四十年止。未滿一年之畸零年資，按比率計算；未滿一個月者，以一個月計。 （第3項）前項替代率之上限，依退休人員審定之退休年資，照附表三所列各年度替代率認定。 （第4項）前三項所定替代率，於選擇兼領月退休金者，各依其兼領一次退休金與兼領月退休金比率計算。 （第5項）本法公布施行後退休生效者，應按退休生效時之待遇標準，依前四項規定計算每月退休所得；經審定後，不再隨在職同等級人員本（年功）俸之調整重新計算。 第39條 （第1項）退休人員每月退休所得，依第36條規定調降優存利息後，仍超出附表三所定各年度替代率上限者，應依下列順序，扣減每月退休所得，至不超過其替代率上限所得金額止： 一、每月所領公保一次養老給付或一次退休金優存利息。 二、退撫新制實施前年資所計得之月退休金（含月補償金）。 三、退撫新制實施後年資所計得之月退休金。 （第2項）退休人員每月所領退休所得，依第37條或前條規定計算後，有低於最低保障金額者，支給最低保障金額。但原金額原即低於最低保障金額者，依原金額支給。 （第3項）前項所定最低保障金額，於選擇兼領月退休金者，各依其兼領一次退休金與兼領月退休金比率計算。	第35條 （第1項）中華民國107年7月1日以後退休生效之公務人員，應由審定機關於審定其退休案時，按退休生效時之待遇標準，依本法第36條、第38條及第39條規定，計算各年度可辦理優惠存款金額、利率及每月退休所得。 （第2項）前項人員擇領展期月退休金者，自開始領取全額月退休金以後各年度可辦理優惠存款金額、利率及每月退休所得，由審定機關依前項規定辦理；其開始領取全額月退休金前之各年度可辦理優惠存款金額、利率及每月退休所得，由審定機關按其審定之退休年資、退休金計算基準及退休生效時之待遇標準計算每月月退休金（含月補償金）後，再依前項規定辦理。 （第3項）第1項人員擇領減額月退休金者，其各年度可辦理優惠存款金額、利率及每月退休所得，由審定機關按所領減額月退休金，依第1項規定辦理。 （第4項）本法第36條及第39條所稱原金額，於中華民國107年7月1日以後退休生效之公務人員，指依本法第27條至第29條計算之月退休金及按年息18%之優惠存款利率計算後之每月優惠存款利息合計數。 第36條 （第1項）公務人員辦理二次以上退休者，自中華民國107年7月1日以後各年度可辦理優惠存款金額、利率及每月退休所得，依下列規定辦理： 一、先按各次退休金種類，分別依其適

項目	公務人員退休資遣撫卹法	公務人員退休資遣撫卹法施行細則
		用之規定，計算各次退休於中華民國107年7月1日以後之每月退休所得。 二、前款各次退休之每月退休所得合計後之總金額，不得超過按其全部審定退休年資依法計得之每月退休所得上限金額。超過者，依其適用之扣減項目及順序規定，照各次退休時間先後依序扣減。 （第2項）前項第2款所定全部審定退休年資依法計得之每月退休所得上限金額，應以其各次退休中經審定之最高本（年功）俸（薪）額及所適用較高之退休所得替代率規定為計算基準。 （第3項）第1項人員各次退休處分有不同處分機關者，先由各處分機關分別依所適用之法令規定計算各次退休之每月退休所得後，再由退休時間較後之處分機關計算各次退休之每月退休所得合計總金額及其全部審定退休年資依法計得之每月退休所得上限金額，並通知其他退休處分機關依其計算結果辦理。
最低保障金額	第4條第6款 本法用詞定義如下： 六、最低保障金額：指公務人員委任第一職等本俸最高級之本俸額與該職等一般公務人員專業加給合計數額。	

資料來源：筆者整理。

（三）所得替代率分母以本俸加一倍計算，落實公平價值

退撫法第4條第4款：「退休所得替代率（以下簡稱替代率）：指公務人員

退休後所領每月退休所得占最後在職同等級人員每月所領本（年功）俸（薪）額加計一倍金額之比率。但兼領月退休金者，其替代率上限應按兼領月退休金之比率調整之。」

　　公立學校教職員退休資遣撫卹條例第4條第4款：「退休所得替代率（以下簡稱替代率）：指教職員退休後所領每月退休所得占最後在職同等級人員每月所領本（年功）薪額加計一倍金額之比率。但兼領月退休金者，其替代率之上限應按兼領月退休金之比率調整之。」

伍、結語

　　蘇東坡〈題西林壁〉一詩：「橫看成嶺側成峰，遠近高低各不同。不識廬山真面目，只緣身在此山中。」人難免從自己的角度觀天下，也因此難免產生對立的爭議。難怪聖哲很委婉地提醒我們「會當凌絕頂，一覽眾山小！」社會科學原無定論，只有角度問題，年金改革是個利益糾結的議題，不同立場，不同角度，自是其是，也無可厚非，但如能換位思考，有助於溝通及良性互動，也有其必要。年金改革可以從不同角度觀察、討論及分析，它可以從制度建構角度分析之，如本文所論，故不分職業別、新舊制年資或職務別等退休所得力求落實「一個公平價值」，兼顧基金財務永續性及個人退休所得適足性的「二個衡平理念」，建構撙節經費如數挹注退撫基金、建構退休所得的天花板與樓地板及退休所得替代率以本俸加一倍計算等「三個法制規定」；也可以從倫理角度觀之，具有年「犧牲小我，完成大我」的倫理意涵，犧牲小我若不能完成大我，則何言犧牲。犧牲小我是指「降低個人退休所得」，完成大我是指「維持退撫基金財務永續性」。106年年金改革建立「撙節經費如數挹注基金」的制度，使得「犧牲小我，完成大我」的倫理意涵得以落實；也可以從勞動關係角度分析之，數位導向決策（data-driven decision making）分析之，還可以從路徑依賴理論分析之，皆待日後行有餘力為之。

參考書目

一、中文部分

李梅，2006，〈新公共行政的道路〉，毛壽龍主編，《西方公共行政學名著提要》，江西人民出版社。

李毓昭譯，2001，《智者的思索——100則經濟學經典名言》，晨星出版。

施能傑，1999，《美國政府人事管理》，商鼎文化。

二、外文部分

Allianz. 2015. *Retirement Income Adequacy Indicator*. http://pensionreform.ru/files/98514/file00555.pdf .

Brewer, G. A. and Kellough, J. E. 2016. "Administrative Values and Public Personnel Management: Reflections on Civil Service Reform." *Public Personnel Managemen*t, 45(2): 171-189.

Connolly, J. and van der Zwet, A. eds. 2021. *Public Value Management, Governance and Reform in Britain* (as part of the International Series on Public Policy/series editors: B. Guy Peters and Philippe Zittoun). Palgrave Macmillan.

European Commission. 2015. *European Semester Thematic Factsheet Adequacy and Sustainability of Pensions*. https://ec.europa.eu/info/sites/default/files/european-semester_thematic-factsheet_adequacy-sustainability-pensions_en.pdf.

Klingner, Donald and John Nalbandian. 1993. *Public Personnel Management*. Prentice Hall.

Nigro, L. and J. E. Kellough. 2006. "The States and Civil Service Reform: Lessons Learned and Future Prospects." In J. E. Kellough and L. Nigro eds., *Civil Service Reform in the States: Personnel Policies and Politics at the Subnational Level*. Suny Press.

OECD. 2013. *Pensions at a Glance 2013: OECD and G20 Indicators*. OECD Publishing.

OECD. 2015. *Pensions at a Glance 2015: OECD and G20 Indicators*. OECD Publishing.

第**3**章

年金改革問題成因及可能發生影響
之探討 —— 非年金因素分析^{*}

壹、前言

　　莊子云：「事無定規，與時俱化。」人類總想預測未來，掌握未來，但未來充滿變數，終究難脫「測不準定律」之嘲弄；但設若能察機於初萌，「先覺」已發生的事實初兆，確能「先知」將發生的事實未來。《易經》・坤卦初六爻辭：「履霜，堅冰至。」當許多人稱許Peter F. Drucker長於預測未來社會發展趨勢時，他很嚴肅地表示，「我並不相信『預言』和『預測』」，且自稱從來不長於預測。他自詡為「旁觀者」，冷靜地觀察「已發生的未來」，哪些重要現象的變化，會使未來產生重大改變，因此，Drucker主張領導者或管理者最重要的工作，是辨明已發生的變化；正如同《長短經》・〈臣行第十〉：「夫人臣萌芽未動，形兆未見，昭然獨見存亡之機，得失之要，豫禁乎未然之前，使主超然立乎顯榮之處，如此者，聖臣也。」Drucker認為領導者要敏於察知社會、經濟和政治中的重要挑戰，看到「已發生的未來」（seeing the future that has already happened），使之成為機會。

　　Drucker認為在所有外在變化中，人口的變化（包括人口的規模、年齡結構、人口構成、就業狀況、教育程度和收入變化）是最清晰的（許瑞宋譯，2017）。Drucker說決定未來命運的重大事件早已發生，其中影響最深遠的，莫過於人口結構統計的變化。人口統計的轉變在本質上或許無法預測，但是在它發揮影響力之前，卻有一段很長的前置期，而且這段前置期是可以預測的。尤其重要的是年齡分布，以及人口重心層最可能發生的價值觀變化（胡瑋珊等譯，2005）。

---

^{*}　原刊登於《人事行政》第200期，2017年7月，頁39-61。

人口結構的改變衝擊人類最深層的政治、社會、經濟運作，高齡化是上帝的恩賜或詛咒，尚未有可知。Drucker認為在自由世界的已開發國家，供養高齡者將成為經濟和社會當務之急（徐紹敏等譯，2010）。在已開發國家，新社會的主導因素是老年人口快速成長，年輕人口迅速萎縮。最晚到2030年，所有已開發國家中領取完整退休給付的年齡，會上升到75歲左右。而且健康的退休人員給付會大幅減少。而固定退休年齡可能廢止，以免工作人口無法承受退休金的負擔。現在年輕和中年的工作人口已開始懷疑，等到他們到達傳統退休年齡時，會沒有足夠的退休基金可以運轉（劉真如譯，2002：242-249）。

貳、問題意識與研究焦點

許多公私部門決策者因「未察覺」已發生轉變的人口結構事實，而做出錯誤的決策。因此，我們為避免做出錯誤的人力資源管理決策，就必須探討如何掌握正確的數據，進而分析並推測公務人力結構的變化趨勢，據以研訂前瞻性人事政策，防患於未然（林文燦，2015）。筆者從事人事業務多年，公務生涯閱讀不輟，常以理論思索人事實務，再以人事實務印證理論；深感各種人事變革政策能否切中時弊，對症下藥，關鍵在於觀察、思索人事實務問題所持的思維方式或所謂的世界觀。因此，貫穿筆者在通篇研究中的有三個思維方式：一、以非我觀我（由外而內）；二、察機於已萌（看見已發生的未來）；三、以整體看個別（避免見樹不見林）；以本文而言，筆者要探討一、導致年金制度改革的非年金制度因素；二、非年金人事制度歷史變革洪流中已發生的未來事實；三、以整體的思維關照年金改革對人事制度的影響。

Drucker在《已經發生的未來》中，提出另一個觀察已發生未來的思維概念，那就是重新思考René Descartes所謂「整體即部分之和」世界觀，他認為後現代社會，不再遵循「整體即部分之和」思維邏輯，恰恰相反，它們發生遵循一個尚未被當作世界觀的觀點：「部分寓於整體之中」（汪建雄、任永坤譯，2016：2-5）。這種思維方式對於研究社會科學非常重要，Peter Senge研究組織學習所提出系統思考（system thinking），在面對複雜組織問題或社會事

件時，應整體考量，摒除片段的思考，觀照整體。在人力資源管理領域裡的策略人力資源管理論者，也是這種「部分人力資源管理措施寓於整體人力資源管理政策之中」思維邏輯的體現。

　　當年金改革不得不然時，我們要反省的是，現在退休制度的問題是不是早就有跡可尋了？問題全是在退休制度本身嗎？與「公務人員任用法」的官等職等結構無關嗎？與「公務人員任用法」第17條所規定，公務人員可以透過「升官等訓練」取得高一官等任用資格的規定是否有關？與「公務人員俸給法」第4條附表（公務人員俸表）中所規範的職務結構或俸表結構設計（本俸級數、年功俸的增生）無關嗎？與「公務人員考績法」所規定的考績升等制度有關嗎？年金改革後，組織高齡化必將更為明顯，公務人員新陳代謝速度趨緩，是否會產生所謂「代謝症候群」，影響各職等職務的移轉率，對公務人員陞遷如產生遲滯的現象，會不會對公務人員士氣產生不利影響？會不會使優質人才卻步公門之外呢？為避免各機關藉由修改組織編制，提高簡任官等編制員額，因有建議「檢討修正『各機關職稱及官等職等員額配置準則』，降低簡任官等占總編制員額比率至25%以下」，此一倡議若單獨從「官等職等配置準則合理性及避免部分機關趁修編之便，動輒提高職務列等」組編業務角度思考或係有所本，但伴隨年金改革，以整體角度思之，則會不會使代謝症候群加劇，則「以整體角度思量個別人事管理措施」思之，或許另有綢繆。

　　本文沿襲Drucker「人口結構轉變對社會、經濟及政治重大影響」的思維邏輯，探討「公務人力結構轉變對年金改革的影響，年金改革對公務人力政策的影響」。本文將聚焦在三個重點：第一，以理論分析公務人力結構，瞭解公務人力結構本質與年金制度的關係；聚焦在公務人力職務結構的變動情形；第二，年金改革所蘊藏的主要思維，第三，梳理年金改革後可能影響及可能對策。

參、公務人力結構分析的理論意涵

　　就人力資源管理專業領域而言，將研訂人事管理政策的決策基礎建立在

科學分析、理性決策的基礎上，所謂循證化人力資源管理，十分熱門（林文燦，2015）。但實務上公務人力結構的分析或公務人力統計分析等業務，仍十分冷門。雖然，多數學者、專家都認同有關人事專業應從著重選、用、育、留的例行性行政作業及著重人事管制功能的「傳統人事管理」，轉型為強調全觀性與目的性，運用創新及彈性化的「策略性人力資源管理」（strategic human resource management）。但實務上，人事行政主管機關仍偏重消極人事業務的法制面、管制面，扮演著高密度管制的人事警察角色；少見人力資源管理的積極面、動態面、規劃面及策略面，扮演協助業務的策略夥伴角色。本文期望透過公務人力結構分析及公務人力統計分析，以數據分析為基礎，進而詮釋年金改革的成因及影響，也因此，試圖跳脫靜態考銓行政的「法制、管制面」的窠臼，從動態人力資源的「管理、彈性面」的新猷，探討公務人力結構分析的理論與實務。

一、公務人力結構的理論意涵

本文所稱公務人力結構包含二個部分，第一個部分是公務人力「職務結構」；第二部分是公務人力「資源結構」。

二、公務人力職務結構

Max Weber的理想型科層體制（bureaucracy）建立在分工與專業知能運用基礎上，同時又強調法規的控制與層級節制（hierarchy）之上（吳瓊恩，1998：240-241）。尤其是以層級節制之金字塔型態呈現，支撐人類整個社會經濟制度的運作。Weber理論的核心是，組織管理的核心就是讓權力從個人的身上回歸到職位上，也就是組織本身上，只有在這種情況下才會得到管理效率（陳春花，2015）。而從人力資源管理分析，「層級體制即職務結構」。質言之，科學管理時期的科層體制強調專業、分工，以職位為核心，運用到人事管理領域裡就是所謂的職位分類制度；所運用的科學方法就是工作分析（job analysis）法及工作評價（job evaluation）法。

美國聯邦政府的職位分類制度，就是Weber或科學管理時期的產物，以職位或職務為組織的核心，其中心思維認為組織的每項職位都可用工作分析，予

以科學化分析後，在進行職位分類時，先以職務分析或工作分析，就各個職務的工作性質、難易程度、責任輕重、所需資格條件等分類標準將所有的職位進行分析，製成職務說明書（job description）；再以工作評價，評定各種職務的相對價值，繁簡難易也有高低之分，歸類出不同等次的「職等」。工作愈難愈繁、責任愈重、資格條件較高者，所列的職等也較高，由低至高排列成為「職等結構」或「職務結構」。依據公務人員任用法第5條規定，公務人員依官等及職等任用之，故我國公務人員的職務結構係採官等和職等併立制。所謂官等，指任命層次及所需基本資格條件範圍之區分，分委任、薦任、簡任三個官等。所謂職等，指職責程度及所需資格條件之區分，分為第一至第十四職等，以第十四職等為最高。其中委任為第一至第五職等，薦任為第六至第九職等；簡任為第十至第十四職等。

　　將職務等級化就成為「職務結構」，將職務結構予以價值化，就是「俸給結構」。亦即有了上述職務結構，再透過「工作評價」科學方法，決定高職等的工作和低職等的工作的相對價值，予以排列成金字塔型，就是我們熟知的公務人員俸表結構。工作價值較大，所以應該給與較高的薪資。而列同一職等的職位，理論上因工作繁簡難易、責任輕重及所需資格條件都相同，所以需支同數額的薪水，這就是著名的「同工同酬」。

　　二次世界大戰以後，歐美各國公務人員退休制度，尤其是德國公務人員隨收隨付制的退休制度，就是建立在金字塔的職務結構基礎上，更因戰後嬰兒潮的人口紅利及經濟上的穩定成長，大批年輕公務人員進入公務體系，退休人員為數較少，加上在職人員薪資隨著經濟發展不斷調升，誠如《大學》所云：「生財有大道，生之者眾，食之者寡，為之者疾，用之者舒，則財恆足矣」，所提撥的退休基金，自然能給予退休人員穩定足額的退休金。

三、公務人力資源結構

　　所謂公務人力資源結構是指公務人員教育水準、性別、年齡結構及年資等人口結構靜態的組成、配置情形。本文係聚焦於研究公務人員的年齡結構，不及於其他人力資源結構，而年齡結構的分析含：（一）已退休人員年齡結構老化的分析；（二）現職公務人員年齡結構老化的分析。

(一)轉變中的公務人力結構

　　確定給付年金制度之財務運作邏輯，是建立在金字塔的組織結構之上，靠著相對數量龐大的委任層級公務人員長期繳付退休經費，憑藉著「生之者眾，用之者寡」的財務邏輯，彌補財務收支不對稱缺口。然而一旦職務結構由金字塔轉變為橢圓形後，無法彌補收支缺口，一旦入不敷出，退休金財務負擔乃日趨嚴重。歸納起來，使得年金財務負擔日益加重之人力（職務）結構轉變因素：1.職務結構由金字塔逐漸轉變為橢圓形；2.本俸（年功俸）結構趨簡任發展。

(二)轉變中的職務結構

　　將職務結構數量化並予以管理，謂之員額管理。實務上，依其性質有「編制員額」、「預算員額」及「現有員額」三種。預算員額：指各機關每年度編入總預算案並經立法部門審議通過後，該年度實際可進用各類人數的上限。現有員額，指各機關在預算員額額度內實際進用的在職人數，具有高度變動性。

　　「編制員額」是理想型組織設計的產物，是理論上的層級節制體系，呈金字塔型態。依據「中央政府機關總員額法」第6條規定，機關組織除以法律定其職稱、官等、職等及員額者外，應依「公務人員任用法」第6條規定，就其職責程度、業務性質及機關層級，依職務列等表，妥適配置各官等職等之人員，訂定編制表。前項編制表，其有關考銓業務事項，不得牴觸考銓法規，並應函送考試院核備。銓敘部依據「公務人員任用法」第6條第4項規定訂定「各機關職稱及官等職等員額配置準則」（以下簡稱配置準則）。日本著名的「年功序列制度」，就是建立在層級節制體制上，呈現金字塔型態的典型職務結構。美國聯邦政府的一般俸表制度也是眾所皆知的人事制度（職務結構）。

1. 職務結構型態由金字塔型轉變成橢圓形

　　配置準則訂定之目的，係為規範各機關依其業務性質及層級，期使有合理之職務結構，爰對其各官等職等之職務配置比率做適度之規範，期能建立理想的政府組織型態。官職職等員額配置比率是否合理，決定了政府組織型態。按我國政府組織型態原以金字塔型結構為主。但84年以及85年二階段修正職務列

等表，將基層職務列等提高，使政府組織結構朝向橢圓形結構發展，形成薦任官等員額在簡薦委各官等中占最大比率之現狀。以84年為例，因職務列等表修正，將科員職務列等由原委任第五職等、薦任第六職等至第七職等二組列等，整併為委任第五職等或薦任第六職等至第七職等，以致具有薦任資格之委任科員大量改列薦任官等，從統計表中可見，84年薦任（派）人數較83年大幅增加19,730人。

　　造成職務結構橢圓形的原因還有：86年5月21日訂定「委任公務人員晉升薦任官等訓練辦法」，增加委任公務人員取得薦任官等任用資格機會，自87年起，委任人數逐年減少而薦任人數逐年增加，此乃重要因素之一。另外，87年1月1日廢止「僱員管理規則」後，各機關已不得進用僱員，其人數逐年減少，故自87年起，委任（派）〔按：僱員係歸入委任（派）人數計算〕人數有逐年減少情形，此亦為重要因素之一。

　　雖然法制上，從84年以及85年二階段修正職務列等表，但實務上，實際員額甄補尚須假以時日，爰遲至91年起職務結構方轉而呈現出橢圓形，薦任員額數占總員額數比率為48.86%，以些微的差距超過委任員額數占總員額數比率為47.36%，到了105年薦任員額數占總員額數比率為61.09%，遠超過委任員額數占總員額數比率為35.07%。職務結構益發呈現橢圓形或者更像橄欖球形狀（詳如圖3-1至圖3-12）。

2. 本俸結構與官等結構嚴重失衡

　　我國特殊的官等職等併立制度，委任官等對應第一職等至第五職等；薦任官等對應第六職等至第九職等；簡任官等對應第十職等至第十四職等。但由於俸表採重疊設計原則，加上歷次變革，職務列等大幅度調高，再加上拉長年功俸俸級的做法，使得本俸結構與官等結構出現嚴重失衡的現象。

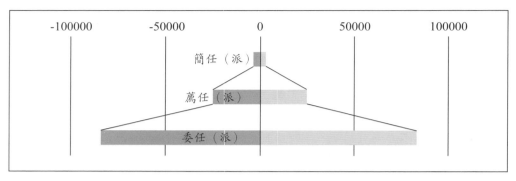

圖3-1　83年行政機關簡薦委職務結構

資料來源：銓敘統計年報。

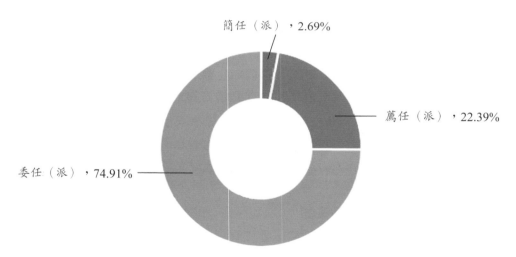

圖3-2　83年行政機關簡薦委職務配置比率

資料來源：銓敘統計年報。

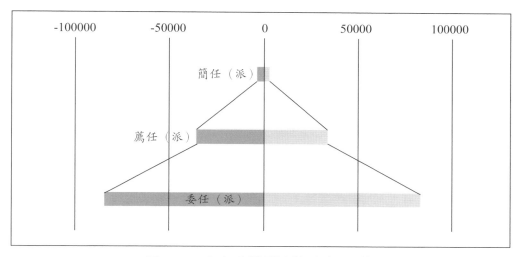

圖3-3　84年行政機關簡薦委職務結構

資料來源：銓敘統計年報。

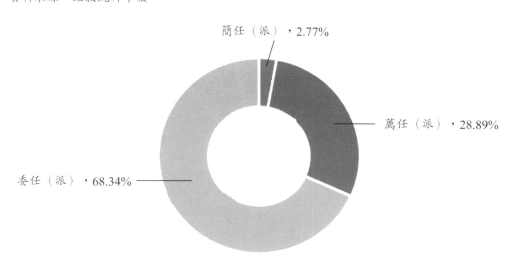

圖3-4　84年行政機關簡薦委職務配置比率

資料來源：銓敘統計年報。

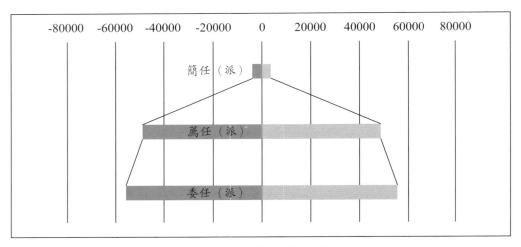

圖3-5　90年行政機關簡薦委職務結構

資料來源：銓敘統計年報。

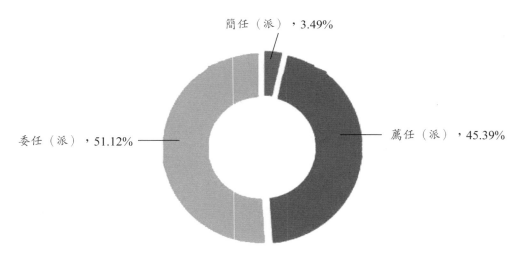

圖3-6　90年行政機關簡薦委職務配置比率

資料來源：銓敘統計年報。

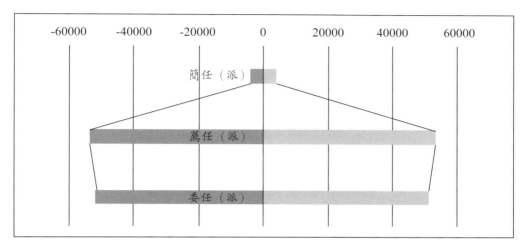

圖3-7　91年行政機關簡薦委職務結構

資料來源：銓敘統計年報。

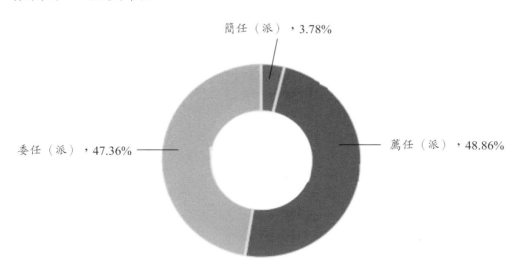

圖3-8　91年行政機關簡薦委職務配置比率

資料來源：銓敘統計年報。

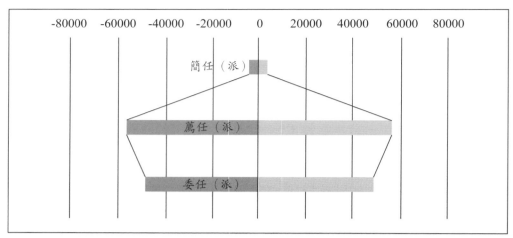

圖3-9　92年行政機關簡薦委職務結構

資料來源：銓敘統計年報。

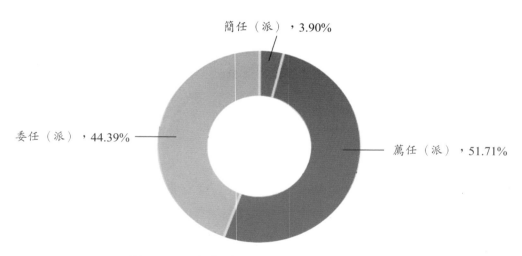

圖3-10　92年行政機關簡薦委職務配置比率

資料來源：銓敘統計年報。

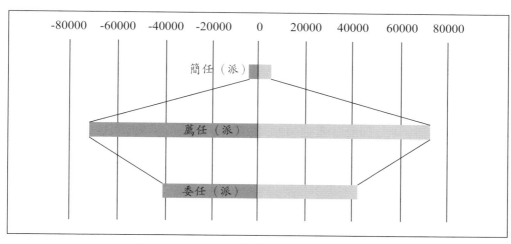

圖3-11　105年行政機關簡薦委職務結構

資料來源：銓敘統計年報。

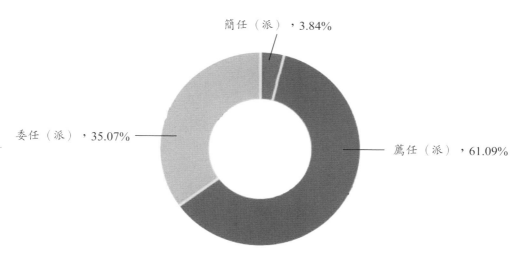

圖3-12　105年行政機關簡薦委職務配置比率

資料來源：銓敘統計年報。

(1) 現職人員本俸結構與官等結構失衡現象

依據103年3月底全國公務人員人事資料庫（不含警察人員）統計，支領簡任第十職等以上專業加給的人數約有7,800人，但銓敘相當於簡任第十職等本俸一級590俸點以上人員有5萬1,000多人，為支領簡任第十職等以上專業加給人數的6.59倍，亦即依據官等制度設計，我國行政機關的簡任官約為7,800人，但就本俸結構上，支領簡任本俸者高達5萬1,000多人。這種嚴重失衡現象，何嘗不是欠缺整體人事政策思維的結果。對退撫經費負擔的影響，許多軍公教人員在職時，以較低的俸額提撥退休經費負擔，但退休後以簡任第十職等本俸一級590俸點支領退休所得（林文燦，2015）。

原因何在？一個較為多數人忽視的因素，委任人員透過薦任升官等訓練制度，得以陞遷至薦任第七職等，而薦任第七職等年功俸六級，相當於簡任第十職等本俸一級。換言之，初等考試及格人員敘本俸第一職等本俸一級，經過陞遷及委任升官等訓練等二個人事管理措施，退休時可敘至薦任第七職等年功俸六級，相當於以簡任第十職等本俸一級590俸點。此外，96年7月11日修正公布「警察人員人事條例」，將警察人員俸表中「警佐三階至警正三階人員之最高俸額，由450俸額調高至500俸額」，這種不用升任警察官階卻得以晉升俸額的設計，堪稱優渥，但亦有值得商榷之處。所有基層員警退休後的俸額至少都可以達到500俸額，支領相當於簡任第十一職等625薪點的月退休金，較一般普考及格公務員的退休金優渥許多，此又為多數論者所未視之處。

再以高中以下老師的敘薪為例，具大學畢業學歷之老師以190薪點敘薪，最高可達625薪點，相當於簡任第十三職等本俸一級高階文官710俸點，若具有碩士畢業學歷敘650薪點，相當於簡任第十三職等本俸三級高階文官730俸點；若具有博士畢業學歷敘680薪點，相當於簡任第十三職等年功俸一級高階文官750俸點。高中以下教師支領月退休金情形如圖3-13，優渥與否很容易判斷。

綜上，因為公務人員月退休金制度是以本俸為計算基礎，透過數據挖掘（data-mining），運用所謂數據驅動決策或循證管理的理念，從全國公務人力資料庫中整理發現「本俸結構趨向簡任發展的趨高現象」，再加上我國現行退休制度係採確定給付制度，造成我國公部門退休年金經費負擔日益沉重的現況，爰在設計未來退休年金改革時，應朝確定提撥制規劃。其他如為達到政策

人數

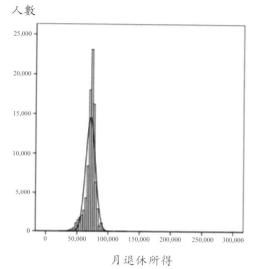

月退休所得

敘述統計摘要	
總人數	91,365（人）
平均數	71,306（元）
中位數	72,509（元）
標準差	7,745（元）
最小值	24,631（元）
最大值	99,388（元）
眾數	72,072（元）
平均數-2*標準差	55,815（元）
低於人數	5,102（人） （5.58%）
平均數+2*標準差	86,797（元）
超過人數	1,342（人） （1.47%）

級距	人數
20,001-30,000	27
30,001-40,000	282
40,001-50,000	1,823
50,001-60,000	5,683
60,001-70,000	21,011
70,001-80,000	55,912
80,001-90,000	6,323
90,001-100,000	304
總人數	91,365

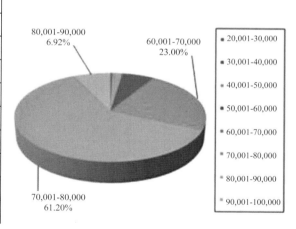

圖3-13　105年高中以下教師支領月退休金情形

資料來源：公教人員退撫整合平台。

目的之年功俸拉長措施，也助長本俸結構與官等結構失衡現象。凡此非退休金制度因素，如是因，如是果，對於退休金負擔都有不利的影響，卻往往論者所未覺者。由此可見，系統思維或整體思維對於人事制度規劃的重要性，可見一斑。

(2) 已退公務人員本俸結構與官等結構失衡現象

從表3-1已退休人員退休俸點結構人數分析，凡是薦任第七職等年功俸六級職務退休者，其退休俸額均等同於以簡任第十職等本俸一級，以該表推算，支領月退休金者為12萬7,123人，支領第十職等本俸一級以上月退休金者估計約為5萬3,520人，支領簡任級月退休金退休人員占支領月退休金總人數達49.96%。總之，已退公務人員本俸結構與官等也呈現失衡現象，其影響自毋須贅言。

表3-1　105年已退休公務人員官等職等分配情形

職等	委一	委二	委三	委四	委五	薦六	薦七	薦八	薦九	簡十	簡十一	簡十二	簡十三	簡十四
最高俸級	功六 280	功六 330	功八 415	功八 445	功十 520	功六 535	功六 590	功六 630	功七 710	功五 780	功五 790	功四 800	功三 800	本一 800
該職等總人數	2,520	193	3,912	2,164	27,117	19,711	29,370	14,644	17,682	3,740	3,641	1,752	937	539
最高俸級人數	2,383	57	2,854	421	9,635	4,788	21,585	10,360	8,919	2,305	2,104	1,437	750	537
最高俸級占率	95%	30%	73%	19%	36%	24%	73%	71%	50%	62%	58%	82%	80%	100%
該職等占總人數比率	2%	0.2%	3%	2%	21%	15%	23%	11%	14%	3%	3%	1%	1%	0.4%

資料來源：公教人員退撫整合平台。

(三) 轉變中的年齡結構

1. 國人壽命增長，退休給付年限相對延長

依據內政部105年9月公布之國人生命餘年資料顯示，104年度國人兩性平均壽命為80.2歲（男性為77.01歲、女性為83.62歲）。另依全國簡易生命表統計結果，42歲的平均餘命是39.7年；54歲的平均餘命是29.05年；57歲的平均

餘命是26.49年。因此，若對照105年度軍公教人員起支月退休金（俸）之平均年齡（分別為42.37、56.84及53.93歲）而言，軍公教人員支領月退休金（俸）年限，將分別長達39.7年、26.49年及29.05年之久；此對於政府財政及退撫基金，均將帶來長遠之沉重負擔。

2. 組織高齡化，退休人數遽增

　　筆者在〈政府公務人力老化問題之研究──高齡化組織概念初探〉一文論述，既有高齡化社會，則有「高齡化組織」。至於高齡公務人員占公務人員總數之比例態樣，則參酌WHO針對高齡化社會的定義，假設以「55歲以上公務人員數占總公務人員數之比率」與高齡社會人口結構態樣有匹配現象。於是，我們也將高齡組織的態樣定義為：55歲以上公務人員人數占公務人員總人數超過7%的機關，稱為「高齡化組織」，達14%稱為「高齡組織」，達20%稱之為「超高齡組織」，據以來評估公部門的高齡化程度，並作為公務人員人力規劃之循證決策參考。

　　另據資料亦顯示，公部門55歲以上公務人員數占總公務人員數之比率在93年前即已達7%，預測將於105年超過14%，而於116年超過20%；亦即公部門在93年前即已進入高齡化組織，將分別於105年與116年邁入高齡組織及超高齡組織。

肆、年金改革重要思維

　　自1980年代以來，由於各國普遍面臨人口持續老化、經濟情勢不佳及失業率攀升等問題，年金制度逐漸成為國家重大的財政負擔。為謀妥善因應解決，許多國家已積極研議或陸續進行年金制度改革。惟筆者認為，沒有最好的年金制度，只有最合適的年金制度，其判準在於能否匹配其社會經濟條件。

　　理念、思維是制度的上層結構，年金改革背後的哲學思考亦有轉變。制度通常是思維具象化的架構。掌握年金改革的思維、理念，就可掌握肯綮，窺其堂奧。茲就年金改革重要思維論述如下：

一、兼顧退撫基金財務永續性及個人的所得適足性

由各國年金改革的實施經驗可知，政府在做各項政策決定時，往往是權衡取捨的結果。過去各國藉由降低年金給付水準，以減輕年金制度造成的財務壓力，雖可使財政永續性獲得改善，但因忽略退休人員退休所得適足性，可能引發其他社會問題。因此，儘管年金制度改革面對種種壓力，現今各國政府已體認仍有必要採取相關措施，以保證提供兼顧人民安全、適足、具財政永續性的老年經濟安全制度。

年金改革絕非單純地以透過降低個人的退休所得，撙節退撫基金經費支出，以換得基金財務的永續。要知道，基金永續不過是一種手段，最終目標是要使得退休人員「領得合理，領得到，領得長長久久」。無限上綱的降低個人退休所得，導致社會充斥「下流老人」絕非年金改革樂見的政策目標。因此，年金改革第一個思維就是如何尋得「年金財務永續與個人所得適足性平衡點」。這個政策目標除具有崇高的哲學思維與社會安全理念外；更有其工具性價值，那就是個人退休所得要降低多少數額才合理，絕非市場般討價還價的政治議價結果，換言之，所謂「同意改，但不同意改」背後的政策思維邏輯是兼顧退撫基金財務一個世代（二十五年至三十年）永續以及調降退休所得到個人所得適足性平衡，如表2-1。進而透過財務精算，試算出降低退休公務人員所得替代率後所撙節的經費，挹注回退撫基金後，可以維持一個世代退撫基金財務永續性。

二、兼顧「維持退休基本生活及人事管理目的」之退休所得適足性

落實「兼顧維持退休基本生活及人事管理目的之退休所得適足性」政策思維，就是建立合理的退休所得樓地板及天花板。樓地板旨在建構退休公務人員最低生活保障，但為遂行人事管理目的，則必須建立退休所得天花板。公務人員待遇既有所謂高低差距，公務人員退休所得亦須有合適的高低差距。所謂訂定合宜的公務人員退休所得天花板，就是基於人事管理目的的考量，所做合理差距的設計。

年金制度是社會安全網極為重要之一環，政府應提供基本經濟安全保障，

使國民得以安享老年生活。由於軍公教人員的雇主是政府，故由政府負起軍公教年金給付責任，以確保老年經濟安全。惟基於憲法揭示的平等原則及對於基本人權的實踐，提供老年基本經濟安全保障，應是國家對全體中華民國國民的承諾。因此，政府應提供全體國民基本安全保障金額，使其享有相同之老年基本安全保障。為保障公私部門年金之基本安全保障（樓地板），使退休人員退休所得能維持基本生活，參照司法院釋字第280號解釋曾認定退休所得如低於「委任第一職等本俸最高級之本俸額及專業加給合計數額」即難以維持退休人員基本生活，爰訂定基本安全保障金額──即樓地板數額（111年度為3萬4,470元），作為政府受僱者的基本安全保障金額。

世界各國公部門退休制度主要係確保公部門受僱者的工作獨立性（如我國公務人員之義務與權利均為公法所規範，因其與國家間具公法上職務關係，爰憲法上所保障之權利受有相當之限制），並吸引優秀人才進入公職。所以公部門與私部門退休制度之設計宜有差異。因此，在退休所得上限之限制下，如第一層基礎年金數額較低，則第二層之職業年金允宜基於各職業別特性，容許職業年金給付之差異，給與退休公務人員較高之月退休金。

就實務而言，經考量人事管理目的，公部門高低階受僱者之所得須保持適當的差距，故退休所得應訂定一定之上限（天花板）。為維持合理退休所得，並與現職人員待遇保持適當差距，基於現職人員最高與最低薪資兩者之差距約為五倍，退休所得最高金額約為最低保障金額之二‧五倍內設計。

三、兼顧職業別及職務高低退休所得公平

為推動公務人員退撫制度改革方案，以退休所得替代率來規範退休人員每月可領取之退休所得上限，其中所涉之概念，依學理而言，退休所得替代率係指退休所得占現職同等級人員待遇之比率。據此，退撫法所定退休所得替代率中，於分子值為每月退休所得；於分母值為公務人員最後在職同等級人員每月所領本（年功）俸（薪）額加計一倍之金額。

(一) 現職人員待遇實現功績，退休人員退休金追求公平

現職公務人員待遇性質，特重在反映員工個人專業及勞動價值，故現職待

遇標準高低差距拉大，重在公務人員的工作實績，強調功績原則；退休所得的性質，因其具社會保險性質，旨在維持退休人員退休後基本經濟生活安全，強調公平原則，高低差距拉近。支撐人事制度的價值是公平及功績，任何人事制度都依循二種價值所設計，而其各自完備之政策論述基礎。現職人員人事制度強調功績原則，退休制度在落實公平原則。因此，筆者認為退休人員所得替代率自應遵循公平價值設計之。

所得替代率的分母既以現值待遇為分母，然何謂分母，爭議最多。筆者根據現行俸給及待遇法令，以待遇制度及退休制度背後的價值為光譜之兩端，若從公平價值端論之，本俸加一倍最合乎退休制度之精神，但若從功績原則論之，則應將本俸、各類專業加給表、各種職務加給、地域加給、年終工作獎金及考績獎金等項目納入計算。

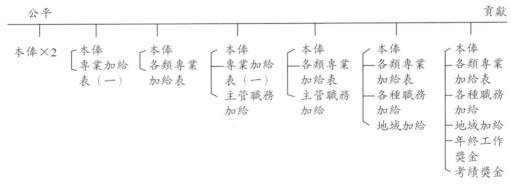

圖3-14　退休所得替代率分母計算基準光譜

資來來源：筆者自繪。

(二)高低職等、專業（職業）別退休所得差距宜拉近

退休所得既在追求公平價值，因此1.建立在職務結構上高低職等間、主管非主管間的層級節制差異（垂直方向差異）的退休所得差異，當求其公平，所得差距宜拉近；基此原理，2.不同專業別（公務人員專業加給有25種之多，高低不同）而職等相同退休人員，其退休所得宜相同，以求公平。3.不同職業別

（公務人員支領專業加給，教師支領學術研究加給，職業有別，學術研究費標準高於一般公務人員專業加給）而相當等級人員，其所支退休所得宜相同。舉例而言，在計算公教人員所得替代率時，如果公務人員用本俸及專業加給加權平均數的合計數當分母；教師用本薪及學術研究加給合計數，在相同的所得替代率之下，教師退休所得高於相當等級的公務人員退休所得，如圖3-15，並不公平；反之，若計算所得替代率時，均以本俸（薪）加一倍為分母內涵，其退休所得相同，方屬公平。

　　據上，在計算退休所得替代率時，分子值與分母值應用相同標準計算始符公平，爰宜以公務人員最後在職同等級人員每月所領本（年功）俸（薪）額加一倍金額為分母值之內涵，以求各類退休公務人員間退休給付權益之衡平並兼顧繳費之權利義務對等原則。

（三）退休提撥率與退休給付率採用相同基準

　　退撫新制實施以後，退撫給付改採儲金制，更強調繳費與給付間之權利義務對等原則。因此，鑑於公務人員待遇高低有別，若以公務人員實際薪資計算退休金，即造成不同類別公務人員繳費及退休給付基準之不平，爰此，公務人員退休金之計算自始僅以本（年功）俸（薪）為計算基準，嗣於退撫新制實施時，亦立法以（年功）俸（薪）二倍為繳付退撫基金及退休金給付之基準，以符合退休金給付追求之社會保險特重之公平原則。

四、年金改革所採取的主要策略

　　各國政府公務人員年金制度改革的主要策略，不外「繳多」、「少領」、「延退」及「增益」，前三者是針對退休制度的公務人員個體所得的調整；後者是針對退休制度總體基金經營效益的調升。上述年金改革調整措施與本文關係密切的是「少領」、「延退」。「少領」是透過降低所得替代率，調降公務人員退休所得。此一措施不但影響到退休人員的實質退休所得及其退休生活，也進一步影響到現職人員產生其實質待遇所得降低的認知。尤其是，理論上部分學者、專家主張退休金是現職待遇的遲延給付，因此，年金改革雖以降低退休人員退休金所得為標的物，但也會影響到現職公務人員對公職職涯的認知，

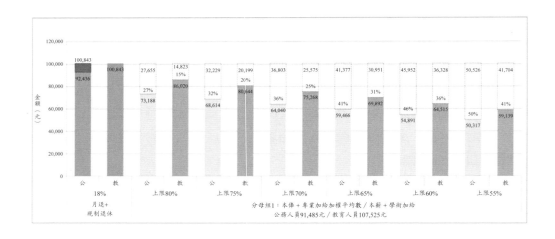

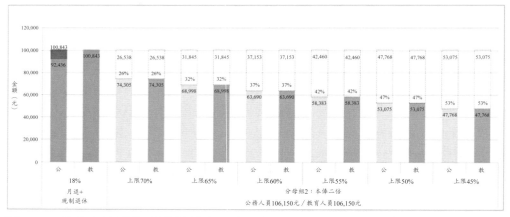

圖3-15　公教人員退休所得替代率方案比較：月退休所得調降方案個案試算案例
　　　　分析

說明：1.以「兼具新舊制年資105年度退休，年資三十五年：簡十二功四800俸點vs教授770
　　　　薪點」為基準進行比較。
　　　2.上圖為分母組1：替代率上限55%～80%
　　　　公務人員：本（年功）俸＋專業加給加權平均數
　　　　教育人員：本（年功）薪＋學術研究加給
　　　3.下圖為分母組2：替代率上限45%～70%
　　　　公務人員：本（年功）俸二倍
　　　　教育人員：本（年功）薪二倍
資料來源：公教人員退撫整合平台。

其對人事制度及人力資源管理影響程度，是值此年金改革之際，值得關注的課題。

　　至於「延退」是指延後支領月退休金年齡，年金改革法案通過，經過若干年過渡後，未來公務人員月退休金起支年齡延至65歲，會對公務人員個別層面及公務人事制度整體層面產生何種影響，尤其是對人事制度整體層面的影響，對公務人力結構的影響，是本文關注的重點。當支領月退休金起支年齡延至65歲後，直接影響到公務人力的新陳代謝，衍生高齡化組織的現象，對人才的培育、接續，都會有重大的衝擊。質言之，年金改革會將使公務人力的質與量，產生相當程度轉變。

伍、年金改革對公務人力影響

　　年金制度改革後，對公務人力必然產生影響？對於人事制度的影響為何？對人事新陳代謝影響如何？尤其是，年金制度改革後支領月退休金起支年領延至65歲。

一、高齡化組織加劇

　　為建構優質高齡化職場環境，依據資料分析，我國政府部門在93年前即已進入高齡化組織，將於105年邁入高齡組織，並於116年邁入超高齡組織。當年金改革將支領月退休金起支年領延至65歲後，我國政府機關高齡化組織現象將更為嚴重，爰應營造友善之高齡職場環境，如檢討公共空間及設施（如走道、廁所設置相關輔助器材、購置大螢幕電腦等）、考量資深人員狀況、定期評估設計適合高齡人力之工作內容，以及其他人力資源管理措施，如終身學習訓練政策。

二、代謝症候群浮現

　　組織高齡化直接衝擊公務人員的新陳代謝，從公務人力規劃的供給面分析，筆者任職行政院人事行政總處主任秘書時，曾與該總處資訊處共同研究，

運用馬可夫鏈方法算出公務人員各職等移轉率的情形。舉例而言，委任第五職等歷年移轉情形，留任該職等職務者達83.09%；薦任第七職等仍留在該職等職務者占87.12%；薦任第八職等仍留在該職等職務者占85.14%；薦任第九職等仍留在該職等職務者占89.65%，簡任第十一職等仍留在該職等職務者達84.34%。

　　熟稔人事業務者均知，上述職務都是公務人員陞遷的關鍵職務，亦是公務人員陞遷停滯職務，是觀察公務人員陞遷速度或陞遷瓶頸的關鍵點。可推測的是，年金改革後，組織高齡化益為明顯，這些職務的留停率都會提高，且這些職務的停滯率有連動性。舉例而言，未來地方政府薦任第七職等留停率會大幅提高，因為地方政府公務人員薦任第八職等職務原本較少，當擔任第八職等職務人員延至65歲才會退休時，第八職等職務出缺速度遲緩後，第七職等科員無陞遷機會，當職務列等列委任第五職等或薦任第六職等至第七職等的科員久任一職後，亦會連帶影響委任第五職等職務的陞遷率。

　　就中央機關而言，當簡任第十二職等的司處長、參事或相當職等職務者均服務至65歲屆齡退休，必然影響到各職務人員的陞遷速度，而影響最大的將會是薦任第九職等科長及其相當職務，薦任第九職等的留停率，將連動影響薦任第九職等以下職務的流動率（詳如圖3-16）。一個最直接的想法，就是年金改革後必然降低公務人員陞遷速度，而陞遷通常是公務生涯中最在乎者，許多公務生涯中的誘因都是因陞遷而產生，無論被歸為保健因子的升官發財，抑或因陞遷被歸類為激勵因子的工作本身、自我實現，都將產生負面影響，這種因年金改革造成組織高齡化，所造成新陳代謝遲緩，對政府機關健康將產生不利影響，或許可稱為「年金改革的代謝症候群」或「組織高齡化代謝症候群」，久之勢將打擊公務人員士氣，恐影響政府施政績效。

　　「年金改革的代謝症候群」或「組織高齡化代謝症候群」使得公務人員因陞遷所衍生利益受限，如何從其他人力資源管理措施，建立激勵公務人員的誘因制度呢？就待遇制度而言，員工待遇的給薪基礎可歸納並簡稱為3P：第一個P是職務薪（position-based pay）：依據員工所擔任的職務給薪，它就是建立在工作分析、職務說明書及職務評價制度上的職位分類制度，美國、我國採之。它具有論資排輩，終身僱用及公務人員陞遷加薪的基礎。年金改革後職務薪

年別	平均		◉百分比	○值											
	P01	P02	P03	P04	P05	P06	P07	P08	P09	P10	P11	P12	P13	P14	離退
新進	10.18%	0.23%	28.40%	0.81%	27.13%	20.75%	6.56%	2.69%	1.60%	0.86%	0.33%	0.29%	0.11%	0.06%	
P01	68.46%	24.44%	2.19%	0.06%	0.98%	0.77%									3.10%
P02		59.11%	38.27%	0.54%	0.30%	0.32%									1.46%
P03			68.44%	24.18%	2.52%	2.47%	0.05%								2.34%
P04				60.64%	36.94%	0.85%	0.02%	0.01%							1.54%
P05					83.09%	12.68%	0.31%	0.02%							3.90%
P06						69.99%	26.91%	0.13%	0.01%						2.96%
P07							87.12%	7.52%	0.04%						5.32%
P08								85.14%	9.42%	0.03%					5.41%
P09									89.65%	4.34%	0.01%				6.00%
P10										80.13%	11.34%	0.07%	0.03%		8.43%
P11											84.34%	6.53%	0.08%		9.05%
P12												81.47%	5.88%	0.05%	12.60%
P13													71.35%	12.19%	16.46%
P14														81.27%	18.73%

圖3-16　歷年公務人員各職等移轉情形

資料來源：全國公務人力資料庫。

誘因效果降低。第二個P是績效薪（performance-based pay）：依據員工績效給薪，是一種依據員工個人績效表現而不論年資的給薪制度。第三個P是個人薪（person-based pay）：依據知識工作者（knowledge-worker）所擁有的個人專業價值及技術價值來給薪，如技術薪或知識薪（skill- or knowledge-based pay）（許道然、林文燦，2022）。

　　年金改革後，要重新思考這3P做最適組合的待遇管理設計。進一步言之，以職位為基礎的職務薪制度，將失去其原有的功能。年金改革後如何建立多樣化的彈性誘因措施，激勵員工以彌補職務薪之不足。而這些給薪機制尚有一個更深層的影響，即組織設計將不再侷限於職位陞遷的層級體制，也可建構專業陞遷體制。尤其是，員工除可透過攀升職位而加薪外，也可以選擇自我成長、能力提升而加薪，亦可因取得專業證照而加薪。換言之，員工的職涯發展可以鐘鼎山林，各隨其性，可求升官以加薪，也可浸淫專業而加薪。

　　此外，更應以整體思維看待各項人事倡議或興革措施。近年來行政院組織改造逐步推動，縣市改制為直轄市後，無論是中央或地方，在機關組織型態

與官等職等配置情形上，均在變動之中。基於維持合理的政府組織型態及科層式體制之上、中、下層公務人力衡平關係，並恐人事成本增長，增加政府財政壓力，對於各機關職稱及官等職等員額配置準則之修正方向，多係抱持進一步加強管制，甚或有將中央二級機關簡任官等編制員額占總編制員額25%之比例調降為20%之倡議，單就官等職等配置準則考量，已值慎酌。若以整體思維觀之，本次年金改革後，因月退休金起支年齡延後、退休所得替代率下降等因素，未來延後退休年限之情形，將連動影響政府機關人力之新陳代謝，已如前述，況未來官等職等配置比率如再朝從嚴限縮方向研議，無疑雪上加霜，勢將嚴重打擊公務部門整體工作士氣及降低行政效率。基上，官等職等員額配置比率之調整，以整體思維觀之，應將其他相關人力資源管理因素納入併予考量。

三、專業斷層堪慮

筆者閱讀過新加坡李光耀先生的自傳以及許多有關李光耀的著作，最令我印象深刻的說法是：「新加坡沒有天然資源，只能靠人力資源。一流人才，一流新加坡。一流的人才，才有一流政府。」一流人才是政府機關培育養成及自我管理、發展訓練的結晶。以知識管理角度論之，一個國家培養的一流人才，擁有無比珍貴的隱性知識和顯性知識，組織自然希望永遠保留這類型知識工作者，但天年有限，這些組織的珍貴資產終須離開組織，當公務人員屆齡退休時，他雖能如同徐志摩所稱，我揮一揮衣袖，不帶走一片雲彩。但是，卻也必然帶走組織珍貴的隱性知識。

當組織高齡化後，機關必然面臨優秀人才屆齡退休。為創造雙贏，各國開始啟用「漸進式退休」，讓已符合退休年齡，及快到退休年齡的公務員，能選擇減少上班時數、天數的方式，漸進式退休，以作為退休生活的緩衝期。從人力資源角度，公司可以減少退休金，個人也可藉此適應退休生活；在經驗傳承上，也不會隨公務員退休而中斷。此外，尚須提早啟動知識管理機制，有計畫地將關鍵人員的專業隱性知識予以外顯化，透過資訊科技予以有效地儲存與加值運用；提早規劃關鍵性人才接班人計畫，避免組織高齡化後，人力資源之運用及經驗知識之傳承產生人才斷層、專業斷層之現象。

陸、結語

　　人口結構改變，少子女化、高齡化時代的降臨，是上天對人類的恩賜，也是上天對人類的考驗，許多社會問題因之而生，年金改革是人類無法避免的挑戰，不論哪個國家，不論哪個政府，都面臨此一關隘，絕無歸責之問題，惟有共同面對；本文不做價值判斷，只試圖做事實的分析；從數據分析，從公務人口結構的轉變，看年金改革問題的成因，以及年金改革對公務人力可能的影響，試圖師法Drucker觀察世界變動的方法，以整體思維的方式，觀照年金制度的人事制度變革。

參考書目

吳瓊恩，1998，《行政學》，三民書局。

汪建雄、任永坤譯，2016，《已經發生的未來》，機械工業出版社。譯自Peter F. Drucker. *Landmarks of Tomorrow: A Report on the New "Post-modern" World.* Oxford Univ Pr., 2012.

林文燦，2015，〈政府公務人力老化問題之研究——高齡化組織概念初探〉，《人事月刊》，358：18-27。

胡瑋珊、張元薰、張玉文譯，2005，《每日遇見杜拉克》，天下文化。譯自Peter F. Drucker. *The Daily Drucker: 366 Days of Insight and Motivation for Getting the Right Things Done.* Harper Collins USA, 2004.

徐紹敏、陳玉娥、顧淑馨譯，2010，《杜拉克跨世講堂》，時報文化。譯自Peter F. Drucker and Rick Wartzman. *The Drucker Lectures: Essential Lessons on Management, Society and Economy.* McGraw-Hill Inc., 2010.

許瑞宋譯，2017，《我在彼得‧杜拉克身旁的一年：杜拉克的52週教練課，學習高效領導、探索人生價值》，時報文化。譯自Joseph A. Maciariello. *A Year with Peter Drucker: 52 Weeks of Coaching for Leadership Effectiveness.* Harper Collins USA, 2014.

許道然、林文燦，2022，《考銓制度》（修訂版），五南圖書。

陳春花，2015，《我讀管理經典》，機械工業出版社。

劉真如譯，2002，《下一個社會》，商周出版。譯自 Peter F. Drucker. *Managing in the Next Society: Beyond the Information Revolution*. ST. Martin's Press, 1992.

第4章

公務人員年金改革核心問題成因
之探討 ── 路徑依賴分析[*]

壹、前言

　　要瞭解當前問題，可以採用回溯法，那麼「路徑依賴」（path dependence）概念除了提供一個探索年金制度改革始末的有效途徑外，更可以直指年金改革核心 ── 退休所得替代率的「分母：本俸加一倍」，而從歷史系絡中探索其「形成原因」。年金改革牽動台灣政局，影響了被改革者軍公教人員退休所得，年金改革這個公共議題，在台灣這個多元民主社會的環境系絡下，非被改革者支持度極高；而被改革者是否認同「軍公教人員年金制度改革」，雖未有具信度、效度的實證調查，無法明確瞭解大多數軍公教人員的意見，但從年金改革會議中軍公教人員團體代表所表達的意見來看，雖不必據以歸納出「大多數軍公教人員接受年金改革」的意見，但若就年改的核心議題而言，比較多數公教人員可以接受「合理的降低退休後所得」的意見，此可見於民國106年1月7日中時電子報報導：「年金改革中區座談會今天下午在中興大學登場，場外群眾聚集抗議，全國公務人員協會年金理事長李來希表示，抗議群眾是支持改革，但是反對亂改，不能將反對改革的大帽子丟給他們，他強調堅持信賴保護原則、反對剝奪性的溯及既往的立場。」此一立場或許也是大多數公務人員針對年改的立場 ──「抗議群眾是支持改革，但是反對亂改」。

　　就專業言，「合理的所得替代率」是「合理的降低退休所得」的政策工具。而所謂退休所得替代率，係指「某位軍公教退休人員月退休總所得」（以下簡稱分子）與「其最後任職時所支待遇數額」（以下簡稱分母）的比值。在我國退休與俸給法律規定下，月退休總所得的內涵並無爭議，係指一次公保養老給付的18%優存利息與月退休金的合計數，而最後任職時所支待遇的「內

[*]　原刊登於《人事行政》第203期，2018年4月，頁56-73。

涵」，爭議不斷。而此一待遇內涵的爭議，其實就是自95年開啟的年金改革，經歷100年的二次改革，到102年未完成立法，到了105年推行年金改革時，對於分母有不同的定義，引起不同層次的爭議，那麼分母到底該如何定義呢？為何105年年金改革方案中決定退休公務人員合理退休實質所得數額，攸關公務人員退休所得替代率高低的分母，定義為本俸加一倍？頗值探討。

就歷史言，抑或者是該分母的定義早就決定而且被「鎖定」在歷史的發展路徑之上，而不得不然也。現職人員待遇（俸給）所得與退休人員退休（年金）所得同屬整體待遇（total compensation）的內涵，在實務上，尤其退休所得中是採「確定給付」方式計算給付時，計算退休所得的給付基準，自然係以現職人員相同的薪資基準計算之。如美國聯邦政府公務人員在計算其退休所得中屬確定給付之部分，就是用一般俸表退休前三年平均俸額，作為計算退休給付的基準。亦即美國聯邦政府計算其退休人員退休所得的基準與公務人員的俸額一致，在美國並無任何爭議。

就性質言，我國自58年「師法美國」大力推動「分類職位公務人員制度」的俸給制度，如確能落實「單一俸給」的制度初衷，則在規劃退休制度，計算退休所得的基準，可以如同我們仿效的對象——美國般，按現職人員單一俸給的基準，作為計算退休所得的基準。

就實務上，我國公務人員俸給政策自58年起迄75年止十八年間所戮力推動的單一俸給制度，從未落實過。質言之，要如美國聯邦政府公務人員般，現職人員待遇所得與退休人員退休所得，採相同基準計算之，有其實際上之困難。因而衍生本文要論述的——「早在西元1911年民國成立，自1912年起實施的『中央行政官官等法』及『中央官官俸法』之後，奠定了簡薦委的人事制度的同時，就已經進入非單一俸給的『路徑』，在實務上各部有其暗盤待遇，再加上抗戰軍興，物質缺乏，為解決公務人員基本生活的『生活補助費』等制度上路後，更產生『鎖定』之現象，走在『非單一俸給制』的歷史路徑上。」

就路徑依賴角度言，「從58年起政府因應專業時代需要，推動『工作報酬制』的單一俸給制度，卻始終無法脫離『生活供給制』的路徑。當75年立法通過『兩制合一新人事制度』，在俸給法制上不再採『單一俸給制』，改採『單一俸表』及『多元加給表』之後，更確定了計算現職人員待遇所得與退休人員

退休所得之時，無法採用相同計算基準的路徑上。」因此，從95年起研議年金改革制度時，對計算退休所得替代率的分母如何訂定？一直爭議不斷，筆者認為須從公務人員俸給制度發展路徑上探究之，方能定爭止紛。這也是本文試圖採用「路徑依賴」的動機所在。

貳、我國現行公教人員待遇制度及其發展歷程

　　Douglass C. North認為，「制度」（institutions）乃是一個社會中的遊戲規則。更嚴謹地說，制度是人為制定的限制，用以約束人類的互動行為。制度的性質是由正式規則、非正式規則，以及執行（enforcement）的形式與成效決定之。制度的因素會影響經濟成就（劉瑞華譯，2017：23）。同樣地，制度的因素也會影響到人事績效。本文舖陳的邏輯，先說明現行公務人員待遇制度或俸給制度的重要內容，回溯過去的歷程，以倒金字塔的敘述方式，先掌握俸給制度的肯綮，再回溯人事制度的歷史因素及其發展軌跡。

　　俸給制度是歷史發展進程中各相關因素調和後的結果，筆者認為俸給制度（按：兩制合一的公務人員俸給制度）的核心概念，其實就是73年間立法院法制委員會在審議「新制公務人員俸給法」時，立法委員詢問新俸給法所謂取兩制之長、去兩制之短，何謂？陳桂華局長回答：一、去簡薦委制俸額「銀圓」為基礎之短，取分類制之「俸點」之長。二、採簡薦委制明定「加給種類（項目）」之長，去職位分類沒有加給種類之短。三、採分類俸給法第4條原有「俸點折算標準得差別規定」之長，去簡薦委制沒有俸點折算標準之短。也就是俸給的種類採簡薦委制公務人員俸給法之「長」，俸表則是採分類公務人員俸給法之「長」。陳桂華局長於立法院的政策宣示，確定了單一俸給制度的正式規則走入歷史。

　　在研究我國公務人員待遇時要特別注意二個名詞：一為「俸給」，另一為「待遇」，前者重法制，後者重實務，因而前者常以「俸給法制」名義稱之，後者常以「待遇實務」名義稱之。這二個名詞具有多層意涵：就權責言，俸給權責屬銓敘部，待遇權責屬行政院人事行政總處（以下簡稱人事總處）；

就性質言，俸給為側重權益事項，待遇側重管理事項；就範圍言，俸給分為「本俸」及「加給」；待遇則大於俸給，除俸給外，尚含工作性衍生費用（加班費、兼職酬勞）、生活津貼、獎金；就依據言，俸給依據為「公務人員俸給法」（以下簡稱俸給法），待遇依據為「全國軍公教員工待遇支給要點」。

一、公務人員俸給法制的重要內容

（一）公務人員俸表結構

1. 俸級區分

　　俸給法第2條規定，俸級係指各職等本俸及年功俸所分之級次。公務人員俸級區分則規定於第4條及其俸表（公務人員俸表粗線以上為年功俸俸級，粗線以下為本俸俸級）：(1)委任分五個職等，第一職等本俸分7級，年功俸分6級，第二至第五職等本俸各分5級，第二職等年功俸分6級，第三職等、第四職等年功俸各分8級，第五職等年功俸分10級。(2)薦任分四個職等，第六至第八職等本俸各分5級，年功俸各分6級，第九職等本俸分5級，年功俸分7級。(3)簡任分五個職等，第十至第十二職等本俸各分5級，第十職等、第十一職等年功俸各分5級，第十二職等年功俸分4級，第十三職等本俸及年功俸均分3級，第十四職等本俸為1級。

2. 俸點及俸額規定

　　俸給法第2條規定，俸點係指計算俸給折算俸額之基數。依據俸給法第4條及其俸表及第18條規定如下：本俸、年功俸之俸級及俸點，依所附俸表之規定。各職等本俸俸點每級差額，第一至第五職等為10個俸點，第六至第九職等為15個俸點，第十至第十三職等為20個俸點，各職等年功俸之俸點比照同列較高職等本俸或年功俸之俸點。本俸、年功俸之俸點折算俸額，由行政院會商考試院定之。俸額之折算，必要時，得按俸點分段訂定之。俸點結構從160俸點到180俸點，其實只有46個薪級，此一俸級結構是一個高度重疊的俸給結構，重年資，不重績效。

(二) 公務人員加給結構

　　在俸給法制上，俸給法第2條、第3條及第5條規定，公務人員之俸給，分本俸（年功俸）及加給，均以月計之。加給又分為職務加給、技術或專業加給及地域加給。各名詞意義如下：1.本俸：係指各職等人員依法應領取之基本給與。2.年功俸：係指各職等高於本俸最高俸級之給與。3.加給：係指本俸、年功俸以外，因所任職務種類、性質與服務地區之不同，而另加之給與。計區分為：(1)職務加給：主管人員或職責繁重或工作具有危險性者之加給。(2)技術或專業加給：技術或專業人員之加給。(3)地域加給：服務邊遠或特殊地區與國外者之加給。專業加給種類繁多，根據人事總處官方說法，專業加給支給數額表從90年之前的52種，透過二次年度軍公教人員待遇調整，簡併為29張表後，再簡化為25種。其實就筆者實際處理待遇業務的經歷，仍不止25種。

二、公務人員待遇管理實務

　　俸給法制上，規範公務人員俸給事項僅在俸給法第3條及第5條，條文極簡；但待遇實務上，目前職務加給的種類有因主管人員加給之「主管職務加給」；因職責繁重加給之「簡任非主管人員按預算員額二分之一，依其職責繁重程度按相同職等主管職務加給數額核給之職務加給」；另依工作具危險程度加給之「危險職務加給」有：國家重大交通工程機關職務加給，法務部所屬各級檢察機關法醫師、檢驗員之檢驗屍傷職務加給，核能職務加給，各公立動物園（鳥園）擔任危險性工作人員危險職務加給，各機關船舶（職）員海上職務加給，警察、海巡機關之維安特勤隊人員危險職務加給，刑事鑑識、爆炸物處理暨火災原因調查鑑識鑑定人員危險職務加給，消防、海巡、空中勤務、入出國移民及航空測量機關專業人員危險職務加給，駐外機構館長職務加給等。另外有25種專業加給；以及因服務國外的駐外人員的地域加給，服務偏遠地區、高山地區或離島地區之地域加給。

　　在待遇實務上，生活津貼部分：包含婚、喪、生育及子女教育補助之請領，以支領一般公教待遇之各級行政機關、公立學校預算員額內之人員為限；編制內技工、工友比照辦理；軍職人員得參照辦理（林文燦，2009）。

三、公務人員待遇制度的歷史發展路徑

(一) 大陸時期

　　「公務人員任用制度是俸給制度的基礎」是研究公務人員俸給制度者應有的基本認識。是以，對我國文官職等任用制度，須先行探究。民國建立之後，文官制度的法制首見於民國元年10月16日，臨時大總統公布之「中央行政官官等法」，該法第1條規定：「中央行政官除特任外，分為九等第一等、第二等為簡任官，第三等至第五等為薦任官，第六等至第九等為委任官。」中央行政官的任用規定：「特任官（國務總理和各部總長等）的任命，須大總統經參議院同意任命。簡任官的任免敘等，屬於國務院或直屬於國務總理的、由國務總理呈請大總統執行，屬於各部或直屬於各部總長的、由各部總長商承國務總理呈請大總統執行。薦任官的任免敘等，屬於國務院或直屬於國務總理的、由所屬長官呈由國務總理呈請大總統執行，屬於各部或直屬於各部總長的、由各部總長經由國務總理呈請大總統執行。委任官的任免敘等，均由所屬長官執行。袁世凱在民國元年12月15日，頒行公布「文官任職令」，規定文官除依「文官官秩令」授官外，還需依該令任職。文官任職分為特任職、簡任職、薦任職、委任職。其中簡任、薦任為高等文職，委任為普通文職。特任職，由大總統特令任命。其任命狀均由大總統署名、蓋印，國務卿副署。簡任職，由大總統在合格人員中簡任。其任命狀均由大總統署名、蓋印，國務卿副署。薦任職任命，凡屬於政事堂者，由各該長官經由國務卿呈請大總統任用；屬於各部院者，由部院長官呈請大總統任用；屬於各部院所轄官署者，由各該長官經部院長呈請大總統任用；屬於各省及各地方者，由各省及各地方長官呈請大總統任用。前項屬於各省及各地方的薦任職，其應由主管各部院薦請任命者，仍由各省及各地方長官諮陳主管部院呈請大總統任用。薦任職的任命狀蓋用大總統印，由國務卿署名。委任職，由直轄長官任用。其任命狀由所屬長官署名、蓋印。

　　14年頒布「中央行政官官俸法」和「文官俸級表」，南京國民政府廢止「中央行政官官俸法」，並對「文官俸級表」予以修訂。18年另頒「行政院適用之文官俸給條例」，與上述俸級表並行。22年重新制定「暫行文官官等官俸

表」，統一規定官俸等級。特任為1級，簡任為8級、薦任為12級，委任為16級，同時在原來官俸表基礎上擴大了薪級幅度。32年為彌補「暫行文官官等官俸表」的缺陷，公布公務員敘級條例，對簡、薦、委任人員級俸的起敘、晉敘、比敘、改敘、降敘等做出統一規定。雖然制度有所修正，但不變的是簡薦委俸給制度本質。

1. 北京國民政府時期：中央行政文官官俸法

　　民國元年臨時大總統令公布「中央行政官官俸法」，同年10月16日公布「中央行政官官等法」，該法第1條規定：「中央行政官除特任外，分為九等，第一等、第二等為簡任官，第三等至第五等為薦任官，第六等至第九等為委任官。」此法奠定了簡薦委俸給制度。

2. 南京國民政府時期：文官官等官俸表

　　22年公布「文官官等俸表」及35年國民政府頒布「修正暫行文官官等官俸表」仍將公務員分為特任、簡任、薦任及委任四等。22年南京國民政府制定「文官官等官俸表」，重新訂定了各級公務員的薪資標準，到26年全面對日抗戰，大致沒有變動。

　　就其性質言，北京政府的文官薪俸制度係照搬日本制度，首先，文官分等及任用資格：日本文官分親任、敕任、奏任、判任四等，北京政府文官亦分特任、簡任、薦任、委任四等其任命資格也極為相似，都與應選者能否通過文官考試、學歷水準、任職年限相聯繫。其次從薪俸構成來看，日本文官俸給分本俸、職務俸、在勤俸、加俸（年功加俸等），北京政府文官俸給構成也差不多。最後，兩國文官俸給制度都很注重等級、身分觀念，俸給的制定標準更偏向於維持官吏的身分，而不是反映工作的難易和事務的繁簡（房列曙，2016：377）。此一有關我國文官制度歷史陳述，未見於一般人事行政著作的論述，卻對我國文官制度起了定錨作用。

3. 抗戰時期：非常時期改善公務人員生活辦法

　　抗戰軍興時起，政府為安定公務人員生活，自30年起施行「非常時期改善公務人員生活辦法」，31年施行「公務員戰時生活補助辦法」，在薪俸外，發給生活補助費；35年發布施行「公務員戰時生活補助辦法」，相繼實施「統一薪俸制」、「生活配給制」及「訂定最低生活費」等措施，遷台之後，為繼續

確保公務人員生活需求，除支給本俸以外，又另有其他津貼項目，主要係以結合滿足基本生活的實物配給為主。

　　值得注意的是，曾經發展過的歷史事件決定的路徑，限制了未來的發展，因此歷史的影響絕對不能忽視。我國公務人員待遇制度的路徑，早就在民國成立初北京政府時期就已決定了，首先在官等上基本上沿用北京政府時期的規定，分官等為特任、簡任、薦任、委任四等，各等又分若干級，是一種偏向於維持官吏的身分，而不是反映工作的難易和事務的繁簡；其次，再加上對日抗戰時物資缺乏的現實，而採取安定生活的實物配給制，使得俸給法制與待遇管理實務脫節。而這種解決實際生活需要的生活補助費的支給數額，反較基本俸額為高，對公務人員生活產生實質利益，這些自我增強的措施，使得我國公務人員待遇制度鎖在「非單一俸給制度」的「路徑」。可見，歷史事件是重要的。

(二) 公務人員俸給法

　　俸給法自38年1月1日總統公布後，並未實施。到了43年1月9日始修正公布；因原法除定有本俸、年功俸、優遇俸外，復有津貼給與，名目繁多，適用困難，故除將優遇俸一項刪除，保留本俸、年功俸兩種，以為敘資、晉級之經常給與，另以現行之加給一種，代替津貼，作為職務、地域臨時調劑之用；第2條規定：「公務人員之俸給，分為本俸、年功俸及加給，均以月計之。」

1. 俸級及俸額：第3條規定：「簡任本俸分九級，薦任本俸分十二級，委任本俸分十五級，另加同委任一級，……。」第4條規定：「年功俸之級數及俸額，依附表之規定。」

2. 加給種類：第5條規定：「加給分左列三種：一、職務加給：對主管人員或職責繁重者給予之。二、技術加給：對技術人員給予之。三、地域加給：對服務邊遠或特殊地區與國外者給予之。」在我國公務人員俸給發展歷史上，建立了加給制度。

(三) 分類職位公務人員俸給法

1. 基本精神：依據分類職位公務人員俸給法第2條規定：「分類職位公務人員

之俸給，應本同工同酬、計值給俸之旨訂定之。」所謂「同工同酬」，即各級政府擔任同一職位之工作性質與責任程度相當者，即給予相同之報酬。所謂「計值給俸」是以同法第4條規定之俸點，為其折算基數。

2. 俸階與俸點：本俸分十四等，各等及年功俸之俸階、俸點。依「分類職位公務人員俸給法俸表」之規定，本俸在各職等中最多七階，年功俸除十三、十四兩職等外，其餘各職等均為三階。依據第4條第3項：「俸點折算俸額之標準，由考試院會同行政院配合預算訂定之。但得視地區情形及職務性質之危險性或稀少性，差別規定之。」又依據「分類職位公務人員俸給法施行細則」第2條規定：「一、所稱『地區情形』，係指該地區因位置偏僻，交通不便，或氣候惡劣，或生活費特高等特殊情況而言。二、所稱『職務性質之危險性』，指對執行職務易致傷殘或感染疾病者而言。三、所稱『職務性質之稀少性』，指執行職務需要特殊技能之人才，難以羅致者而言。」此為落實單一俸給的制度設計。

3. 俸給種類：第3條規定：「分類職位公務人員之俸給，分為左列二種，均以月計之：一、本俸：係指各職等俸階之幅度。二、年功俸：係指本俸晉至各職等最高俸階後，依年資及功績晉敘高於本俸之俸給。」

（四）全國軍公教員工待遇支給辦法

　　如果俸給法是俸給法制的基礎，那麼全國軍公教員工待遇支給辦法（按：現稱全國軍公教員工待遇支給要點）就是待遇管理實務的依據。因此，對於全國軍公教員工待遇支給的研析，對我國政府部門管理實務掌握非常關鍵。行政院為就實際待遇統籌規範起見，並顧慮若干特殊類別待遇之存在，遂另行頒布法令以肆應客觀需要；於是在二種俸給法律之外，由行政院制定「全國軍公教人員待遇支給辦法」，作為全國軍公教人員待遇的實際法令依據。60年度為整理及簡化公務人員待遇類型，乃將超出一般公務人員待遇者，以及各機關自行支給各種津貼，統以「專業補助費」名義支給。專業補助費乃與一般公務人員所支工作補助費，合稱「工作津貼」，正式成為待遇項目的一種。在62年6月15日頒布此項待遇支給辦法，依該辦法規定，全國軍公教人員之待遇項目為：薪俸、工作津貼及生活津貼等三項。

筆者認為，歷年全國軍公教員工待遇支給要點大致有以下幾個功能：1.補俸給法制之不足；2.統籌規劃軍公教人員待遇支給；3.規範軍公教人員待遇支給；4.有效管制軍公教人員支給。透過這四個功能的運作，形成「各個」年度軍公教人員的管理實務，結合「各年度間」軍公教人員待遇管理實務，就形成軍公教人員待遇管理實務的歷史脈絡，對於屬整體待遇一環的退休制度自然有重大的影響。

（五）二制合一新人事制度

降至75年間，人事制度有了重大變革，實施所謂「職位分類制」與「簡薦委制」兩制合一的新人事制度，其中關於待遇制度亦有重大改革，規定公務人員之俸給，分為本俸、年功俸及加給。為期依法支俸，乃將「專業補助費」及「工作補助費」，均改稱「專業加給」。公務人員之待遇應以本俸為主，方屬正常。

在人事總處內部研究有一段總結式的文字略為：基於法制與事實，今後公務人員俸給，原則上應依新制公務人員俸給法之規定，按本俸、年功俸及加給之項目規劃，不宜強調實施「單一俸給」，惟公營事業機構為適應企業經營管理，仍宜實施「單一俸給」。

參、我國公務人員待遇制度實務歷史系絡分析

在我國特有人事制度環境系絡下，尤其是在析論公務人員待遇政策、制度及管理等方面，尤須謹慎。筆者認為特有系絡大致有下列面向：

一、歷史系絡：38年國民政府播遷來台以前，歷經北京政府、國民政府、八年對日抗戰等所孕育的特有待遇制度，當然也會影響到現行待遇制度，或甚至年金改革制度的設計。二、價值系絡：人事行政價值間的競逐會影響到政策的規劃。「公平價值」長期主導了軍、公、教人員間待遇政策規劃，力求三者一致。尤其是，當文職人員從58年實施「職位分類制度」後，根據文獻，軍方曾強力提出「文武平衡」之政策訴求；但90年教育部則提出「公教分途」的政

策。凡此，亦係深層分析待遇、年金制度所不可或缺者。三、人事決策機關割裂系絡：官方的說法：「銓敘部與人事總處權責並無重疊之處。」但實際上，真的沒有重疊嗎？先不從法規面析論，從常理分析看，人事權切割由二個機關職掌，哪能「刀切豆腐兩面光」。其實重疊與否的探討並不重要，而且蠻浮面的，重疊不見得是壞事，反而因爭權而有所作為。人事總處過去主導三個待遇改革方案，對公務人員實質待遇所得的提升大有助益。當然，亦有缺陷，無法做整體規劃是眾所皆知的問題。有一位在考試院及行政院服務過的前輩針對這種情形曾說：「更大的問題反而在因割裂而產生『形式上尊重』，形成銓敘部職掌俸給『法制擬議』，人事總處職掌待遇『實務管理』，於是形成銓敘部的『法制擬議』限縮為『深文刻法』，因為對待遇實務運作的不瞭解，徒做法規文字的解釋；人事總處的『實務管理』限縮為『因循故例，隨機處理』徒做實務細瑣的回應，不復做待遇改進規劃。」法制與實務脫節之弊大矣，弊在於「從此以後，已經沒有『待遇改進政策』，只有『隨機處理的方式』，只有現在，沒有未來的規劃。」

一、實施分類職位公務人員俸給法之前：42年至57年

　　按政府遷台後，42年為實施新台幣後第一次調整待遇。從42年度起到57年度為止，依據官方資料記載，公務人員每月待遇項目包含：統一薪俸、服裝費、醫藥費、職務加給（按：職務加給係指各級主管暨技術人員所另支之項目）、實物配給及房租津貼等六項，依據台灣省政府函轉行政院令頒「軍公教人員調整待遇辦法」，並自42年11月起施行。該函明確規定，茲經遵照前項規定，並參酌本省過去因特殊情形所訂定之各種單行給與統籌調整本省公教員工待遇，其待遇支給項目尚有：眷屬補助費、婚喪、生育及子女教育四項補助費。警察人員另支勤務津貼、東台加給及山地獎勵金、離島加給、房租津貼、年終獎金、大專學校教授、副教授、講師學術研究補助費及實物配給。其間50年度及57年度各調整一次，50年度簡任三級之支給數額為，月支統一薪俸295元，服裝費月支50元，醫藥費月支105元，職務加給月支200元，實物配給月支205元，房租津貼月支40元，合計895元。若以統一薪俸及職務加給合計數495元，係占月支待遇的55.31%。57年度簡任三級為例，月支統一薪俸1,400元，

服裝費月支300元，醫藥費月支300元，職務加給月支230元，實物配給月支401元，房租津貼月支200元，合計2,831元。若以統一薪俸及職務加給合計數1,630元，係月支待遇的57.28%。以這種占比而言，難怪稱之為「生活供給制」。所謂「生活供給制」係指衡量生活需要，除了給與一定數額的薪俸之外，還配給生活必需品，和若干津貼補助措施。

二、實施分類職位公務人員俸給法時期：58年至75年

(一) 職位分類制度的要義

　　依據人事總處內部文件記載：「行政院成立人事行政局（按：現改制為人事總處）後，奉總統指示及五中全會決議，積極籌劃實施公務人員職位分類制度，嗣經考試院訂頒有關法規，行政院乃決定於58年度，先自財政部、行政院秘書處及人事行政局三單位實施，並編列預算1億5,000萬元，供三單位實施新俸給制度之用。」當時推動職位分類制度有幾個基本重點：1.「計值給俸」、「同工同酬」；2.純係俸給制度之變更，而非待遇之調整；3.走向單一俸給制度。職位分類俸給的基本精神：在於1.按工作之性質、繁、簡、難、易、責任輕重及所需資格條件區分職級；2.按工作價值計算俸給，使俸給與職責相當；3.實現同工同酬。57年公布施行之分類職位公務人員俸給法，採用俸點為計算之基本單位，其每俸點折算俸額之標準，由考試院會同行政院訂之，僅支給「本俸、年功俸」。依據57年6月5日人事行政局簽呈行政院有關「為擬訂職位分類機關公務人員待遇補充規定」，為配合中央機關自57年7月1日起，分期分批實施職位分類，關於分類職位人員之俸給標準，特訂定補充規定，其中針對職位分類後之俸給，對現行待遇項目之取消與保留（原則）為：1.現行待遇中之統一薪俸、職務加給、技術加給、地域加給、生活補助費（按其標準：簡任八級——簡任一級至年功俸級支300元；薦任第十級——薦任第一級月支280元；委任第十級——委任第一級月支240元）、眷屬補助費、主管特支費及各種專業補助津貼等給與項目一律取消，合併為「單一薪俸」，以達同工同酬，待遇公平之目的。2.現行待遇中與員工生活關係最為密切之「實物配給」及「房租津貼」兩項，仍予以保留。3.現行婚喪、生育、醫藥、災害、子女教育

補助費，係屬福利措施，仍照原辦法辦理。

　　從待遇管理實務觀之，公務人員支給的待遇範圍不同，58年7月公務人員薪給共同項目為：1.統一薪俸（最低同委任560元，到最高簡任年功俸1,920元）；2.職務加給（最低同委任30元，到最高簡任年功俸400元）；3.生活補助費（最低同委任240元，到最高簡任年功俸300元）。

(二)法制與實務脫離：單一俸給制無法實施

　　職位分類俸給的基本精神是單一俸給制度。政府從58年實施職位分類制度以來，一直朝單一薪給制度目標努力，可從73年行政院答復監察院函獲其梗概，其文字略為：「但本院為求奠定將來實施單一薪給的基礎，已採取各項措施，例如併銷福利金、眷屬生活補助費，減少實物配給口數並完全改發代金，且凍結房租津貼標準等，期能使公務人員待遇逐步朝向單一薪給目標邁進，蓋單一俸給必須以貨幣之形式支給。」

　　實際上單一薪給制度並未落實，分類職位公務人員俸給法公布施行後，第一次軍公教待遇調整是「60年度軍公教待遇調整案」，列有「歸併待遇項目，逐步實施單一俸給制」；「將主管特支費及專業津貼等項目名稱予以劃一，並按照薪俸額的一定比率支給，俾利爾後薪給制度的改進」之政策目標。在具體做法上，是配合60年度待遇調整案，將「統一薪俸、生活補助費、職務加給等三項，合併酌予提高作為『俸額』，並取消主管特支費」。亦即將文職主管特支費併入主管工作補助費內支給，取消主管特支費名稱。此外，另增「工作補助費」支給項目，分為：1.主管人員工作補助費：簡任按俸額50%（月支數額680元至840元），薦任按俸額30%（月支數額440元至660元），委任按俸額20%（月支數額240元至430元）；2.非主管人員工作補助費：專業簡任按俸額25%（月支數額340元至420元），薦任按俸額15%（月支數額220元至330元），委任按俸額10%（月支數額120元至215元）；3.各類專業人員原支之補助費或津貼，除稅務人員稽徵津貼仍照核定標準支給外，餘均改稱「專業補助費」（司法、警察、審計或教師）。

　　62年度待遇調整案，又恢復次長級「主管特支費」月支1,300元；63年度待遇調整案，全面恢復主管特支費，股長月支400元，次長月支2,000元。支給

項目嗣後公務人員待遇項目歸併為「基本薪俸」、「工作津貼」及「生活津貼」三項，爾後調整待遇以「基本薪俸」為主，「工作津貼」為輔，「生活津貼」應逐步萎縮，俾實現單一薪給之理想。

行政院分別於62年核定之「公務人員繼續改善待遇方案」、69年核定「公務人員繼續改善待遇方案」、79年核定「改進公務人員待遇結構方案」，其中62年及69年的二個待遇改善方案的政策目標非常明確，均為「實施單一俸給報酬制度」。當時公務人員待遇支給項目亦整理歸併為「基本薪俸」、「工作津貼」及「生活津貼」三項，其中生活津貼一項正逐步萎縮。當時政策在支給項目方面，依法支給俸給一項（單一薪給），惟以當時待遇項目繁多，以漸進方式逐步簡化，並決定1.爾後調整待遇以本俸為主，其他給與逐步萎縮；工作津貼逐步併入俸給內支給。2.簡薦委俸表應參照分類職位俸點修正；原職務、技術、地域等加給，並應配合按地區性、危險性、稀少性之方式修正之，即按其敘定之俸點，以增加薪點折合標準之方式併同本俸支給。各項給與之調整，以實施單一薪給為目標。以「71年度軍公教待遇調整案」為例，其調整原則為：1.為配合健全俸給制度，兼顧現職人員工作情緒及生活需要，以調整本俸為主，工作津貼為輔。2.為逐步實現依法（俸給法）支俸之要求，現行實物配給及房租津貼等項目繼續萎縮。

行政院經濟革新委員會74年10月間函報行政院之「公務人員進用轉調與培育訓練革新方案」中，建議將改進待遇結構，以安定公務人力列為中程計畫，研究提高中、高級公務人員待遇標準，簡化待遇類型，歸併待遇項目，簡併或取消輔助性給與等，以期逐漸邁向單一薪給之目標。此一政府目標一直到74年仍為政府公務人員待遇政策目標。但由於公務人員之實質待遇與俸給法關聯不大，現行公務人員之待遇與俸給法脫節，例如實物配給、各種補助費，或津貼在俸給法中均無此規定。待遇應做到單一化，每人應得的薪俸僅得有一個數字，一切津貼應統一合併（李華民，1993）。

(三)單一薪（俸）給制的管理意涵

我國政府部門俸給制度的弊病在於「深文刻法」，偏執於法規字義的斟酌解釋，少從「待遇管理面」或「人力資源管理面」規劃。是以，公務人員俸給

或待遇極少發揮「延攬」、「留用」及「激勵」等功能，以支援落實國家重大政策。何謂「單一俸給制度」？在我國現行待遇管理教科書或論著，絕少論及單一俸給制度的本質在於落實「工作報酬」。根據人事總處內部檢討文件的定義，具有二層意涵：1.所有公務人員均適用「同一張俸表」；2.公務人員待遇按「單一項目」支給。

1. 所有公務人員均適用同一俸表

行政院人事行政局在61年12月行政院所做「修訂軍公教人員待遇改進方案」簡報，曾就「待遇制度應採『一元化』或『多元化』問題」，予以分析其內容為：「所謂『一元化』與『多元化』，就是對公務人員待遇制度的設計，究竟是要求全體公務人員適用同一個俸表？還是各類不同人員適用不同的俸表？」本來，全國公務人員適用同一種俸表，是有許多好處的，例如(1)薪給標準相同，使待遇公平合理；(2)支薪及敘薪標準一致，有利於各類人員間相互交流。不過政府組織龐大，公務人員眾多，相互間的任務、特性和需要不同，行業間的分工也日趨精密，假定只單純地適用同一種俸表，實難適用個別需要。因此，近代各國的薪資管理制度中，大多走向多元化趨勢，如美、日及韓國等。

而在待遇管理的層面分析，事實上探討公務人員待遇制度的基本架構──宜採「多俸表」或採「單俸表」。各國政府公務人員多採多俸表，如美、日等民主國家，係按不同專業訂有多種俸表。而採單一俸給者較少，如新加坡、我國。我國採單一俸給表，係著眼於各類專業人才交流之便（按：行政、教育、公營事業人員相互轉任採計年資提敘官職等級辦法；交通事業人員與交通行政人員相互轉任資格及年資提敘辦法），然各類專業人才勞動價值高低有別，為適應需要，宜訂定各類人員之支俸比率，以加給標準調節支應之。這是實施分類職位制度的初衷。

2. 公務人員待遇按單一項目支給

實施單一薪給制度，係指給付公務人員的俸給項目是單一項目。更明白地說，係以貨幣形式支給，如新加坡，每人應得的薪俸僅有一個數字。一切變相的津貼、福利，如房租津貼、眷屬補助、職務加給、水電費、加班誤餐費、交通費等應考慮合併做單一的計算。

　　依據資料顯示，主要民主國家除新加坡外，已無完全實施「單一俸給」之事例。俸給應能反映各種不同職務特性之需要，如完全按單一項目支俸，則必難適應不同職務人員之需要（如薦一科技人員與薦一行政人員按同一項目同一標準支俸）。

3. 單一俸給制採行困難之原因

(1) 實物配給、房租津貼、婚喪、生育、子女教育等各項補助攸關公務人員生活，取消不易，如併入俸給，則單身或眷少者向多眷者看齊，現職待遇與退撫給與大幅提高，政府財力難以負荷。

(2) 房租津貼及實物配給，依規定不必計繳所得稅，如併入俸給，則將增加稅負，如待遇不予相對提高，必遭反對（中、小學教師及軍職人員不必繳稅已有不平）。

(3) 73年送立法院審議之新制公務人員俸給法，其俸給項目為本俸、年功俸及加給（職務加給、技術或專業加給、地域加給），俸給法制已非實施「單一俸給」。

　　73年立法院第三會期第二次全體委員會，審查考試院函請審議公務人員俸給法草案。陳桂華局長的報告，宣示了政府不再實施「單一俸（薪）給制」的公務人員俸給政策，陳局長報告內容為：「現行簡薦委公務人員俸給法所定俸給項目，分為本俸、年功俸、職務加給、技術（專業）、地域加給等項，分類職位公務人員俸給法，則只有本俸及年功俸兩項，其本俸得視地區情形及職務性質、危險性或稀少性差別規定之，另無其他加給項目。因此，目前公務人員待遇所支之工作補助費、專業補助費、主管特支費等工作津貼均尚非分類職位公務人員俸給法定項目。本新俸給法草案將俸給分為：「『本俸、年功俸、職務加給、技術或專業加給』完成立法實施後，可將現行主管特支費歸列職務加給，工作或專業補助費歸列為技術或專業加給，使現行各項工作津貼法定化，達到依法支俸之要求。」

肆、退休公務人員退休所得替代率分母的路徑依賴分析

一、退休公務人員所得替代率分母定義之嬗變

　　95年的分母定義為本俸、專業加給表（一）及主管職務加給等三項，形成「肥大官瘦小吏」的爭議，風波難息；到了100年改革的第一次，為解決上開「肥大官瘦小吏」的爭議，將分母定義為本俸加倍，由於部分退休人員依95年方案的公式計算後，優惠存款額度可適度調增而辦理回存，致外界批評95年方案將增加政府財政負擔且有退休所得替代率偏高的問題，進而造成一般民眾認為軍公教人員的福利與其他民眾差距過大。為回應民意，銓敘部乃再會商相關機關意見後，對於95年方案再做調整；其計算是以下列二道程序來處理：（一）先計算（第一階段）「月退休金＋公保養老給付優惠存款每月利息」除以「本（年功）俸×2」≦75%～95%。（二）再計算（第二階段）「月退休金＋公保養老給付優惠存款每月利息」除以「本（年功）俸＋專業加給加權平均數＋主管職務加給＋年終工作獎金十二分之一」≦70%～90%。到102年未完成立法，到了106年年金改革時，對於分母有不同的定義，引起不同層次的爭議，那麼分母到底該如何定義呢？為何105年年金改革方案中決定退休公務人員合理退休實質所得數額，攸關公務人員退休所得替代率高低的分母，定義為本俸加一倍？

二、退休公務人員所得替代率分母定義之路徑分析

　　路徑依賴概念最早是由美國經濟史學家Paul A. David提出的，Brian Arthur和North等學者的發展，被廣泛運用於政治學、社會學、經濟學、管理學等學習成為理解社會經濟系統演化的重要概念。North是第一個提出制度的「路徑依賴」理論的學者。由於用「路徑依賴」理論成功地闡釋了經濟制度的演進規律，從而獲得了西元1993年的諾貝爾經濟學獎。North認為，路徑依賴類似於物理學中的「慣性」，一旦進入某一路徑（無論是「好」的還是「壞」的）就可能對這種路徑產生依賴。某一路徑的既定方向會在以後發展中得到自我強化

（尹貽梅等，2011）。North路徑依賴意味著歷史是重要的。如果不回顧制度的漸進演化，我們就不可能理解當今的選擇（韓毅，2007：38）。

　　對經濟學家而言，歷史變遷是一段調整過程。要讓經濟學家承認歷史的重要，就是要提出歷史事件造成的結果，即使缺乏效率，仍然長期存在，而且即使經過調整，也難以改變至有效率的結果。「路徑依賴」指的就是這樣的現象（劉瑞華譯，2017：9），曾經發生過的歷史事件所決定的路徑，限制了未來的發展，因此歷史的影響絕對不能忽視。路徑依賴是制度變遷重要的性質。由於非正式規則的強韌性，組織（包括政府）所掌握的正式規則與執行，即使可以進行重大改變，革命或改革通常不會完全達成目的。在North眼中，歷史事件造成不可逆轉的影響，是制度最耐人尋味的特性。North以「路徑依賴」概念來描述過去的績效對現在和未來的強大影響力，證明制度變遷同樣具有報酬遞增和自我強化的機制。這種機制使制度變遷一旦進入某一條路徑，它的既定方向會自我強化。一旦進入了「鎖定」狀態，要想脫出路徑，十分困難（劉瑞華，2017）。

　　年改制度的關鍵在於「到底改革後退休所得可以領多少，才是合理呢？」，而筆者認為所稱「退休所得合理否？」的分析邏輯是：退休所得數額是否合理，決定在退休所得替代率這個概念，而這個概念是可以數算公式算出來的，一個再簡單不過的算式，一個分子、分母比率的算式。如前所述，分子是有高度共識的；而具高度爭議性的是分母。

　　退休制度是整體待遇的一環，現職人員待遇支給形式，往往決定了退休所得的計算基準，尤其是，當退休所得給付方式，採確定給付制（defined benefit plan, DB）更是如此。在這個給付方式下，退休所得的給付方式大致是由（一）退休時薪額、（二）退休給付率及（三）退休時年資等三個變項的乘積決定之。退休薪額通常與現職人員薪額相同。以美國聯邦政府公務人員適用之一般俸表為例，退休人員退休所得就是以現職人員的薪俸作為計算基準，以美國聯邦政府公務人員退休金為例：美國聯邦政府年薪為7.5萬美元的公務員，如果工作三十年後退休，他每年可領取的退休金計算公式為：75,000×1.1%×30＝24,750美元，這相當於退休前工資的33%。如果這名公務員達到領取全額社會安全金的年齡，他每年可領取的社安金為23,520美元。退

休金和社安金合計為48,270美元，相當於退休前年薪的64%。

　　為什麼特別要以美國聯邦公務人員退休制度為例呢？這是因為我國在58年「力推而沒成功」的分類職位制度，就是「師法美國」，而分類職位俸給制度的核心，就是實施「單一薪制度」。我國從56年間大張旗鼓地師法美國聯邦政府推動職位分類制度。美國聯邦政府公務人員的薪資制度是適用著名的一般俸表，基本上是以「支給數額」方式呈現，並沒有「加給」的項目。甚至，連1994年開始實施的地域薪（locality pay）也是用俸表方式呈現，與我國公務人員任職於偏遠地區、高山地區或離島地區等，另立「地域加給」支給項目情形不同。於是美國聯邦政府公務人員退休制度中屬確定給付的退休給與計算方式。

　　如果我國政府機關推動單一薪俸制度能夠成功，就會如同美國聯邦政府一般，以現職人員的薪俸作為計算退休所得的基準，有關在訂定退休所得替代率的「分母」，自然順理成章，毫無爭議，反之，就成為目前退休所得替代率「分母」應該如何訂定的爭議？爭訟不已，何以致之？須從歷史因素探究之。Avner Grief提及制度是歷史進程的產物。在這一歷史進程中，過去的制度、經濟、政治、社會和文化的特徵相互作用，定型了現行制度及其演進（韓毅，2007）。

　　是以，本文嘗試以路徑依賴理論，分析分母的定義及其受歷史、社會文化等因素相互作用的情形。

　　或許可以這麼說：「公務人員特有歷史演進及社會經濟、文化系絡的交互作用，在法制上自58年實施分類職位俸給制度，在俸給實務上無法實施單一薪給制；在法制上自75年實施二制合一公務人員俸給制度確定不再實施單一薪給制。依據North的看法，路徑依賴是一個偶發的、不可逆的動態發展過程。當民國元年北京政府決定仿效日本文官制度建立了簡薦委制度的人事制度及俸給制度之路徑之後，已形成不可逆的現象，使得58年分類職位制度建立之後，試圖以工作報酬制取代生活供給制，試圖建立單一俸給制度，簡化給與支給項目等理想制度意旨，在待遇管理實務上已成為不可能。這正是North所提，雖然正式規則可能經由政治或司法決策而在一夕之間改變，但是存在於習慣、傳統和行為規範中的非正式規則，卻是精心規劃的政策無法更動的（劉瑞華，

2017）。公務人員退休制度改革，以本俸加一倍去定義退休所得替代率分母，係決定於歷史因素。」

在民國元年北京國民政府仿效日本公務人員待遇制度，所公布「中央行政官官俸法」，將文官薪俸制度設計成代表身分的品位制時，仍有可能邁入單一薪給的路徑，但因為38年公務人員俸給法，建立了加給制度，使得公務人員俸給制度走向「非單一俸給」的路徑。對日抗戰在物資缺乏歷史系絡下，所形成的生活補助費制度，誠如人事行政局在61年12月行政院所做「修訂軍公教人員待遇改進方案」簡報，針對待遇應採「績效報酬制」或「生活供給制」問題，曾深入研析，茲摘述如次：「所謂『績效報酬制』，就是按職責繁重、貢獻大小來計給報酬，通常都是採『單一薪』，所以也稱『單一俸給制』。至於『生活供給制』則是衡酌生活需要，除了給予一定數額的薪俸之外，還配給生活必需品和若干津貼補助措施。採用績效報酬制，在本質上是有很多優點的，例如：（一）報酬與貢獻一致，可以鼓舞工作情緒。（二）報酬與職責相當，不致有多眷的低級人員，反較高級單身人員所支的待遇為高。（三）給與項目簡單，可以減輕薪資業務的負荷。（四）若干暗盤待遇，也可能藉此消除。不過，此一俸給制度，目前要在我國普遍實施，事實上確有困難。因現行公務員工待遇，從抗戰時起就建立在『生活供給制』的基礎之上，若干待遇項目，像房租、眷補，都是以有眷人員為支給對象，實施『單一薪給』後，就必須將此等給與項目歸併到單一俸額之內，將增加109億經費；同時由於現行退休、撫卹的給與，依規定係按俸額一項計算，其數額勢必大幅提高，根據實際估算，每年需增加退休、撫卹及保險經費約51億5,400萬元。由此可見，實施『單一薪給制』，所需增加經費過鉅，實非政府當前財力所能負擔，故只能把『績效報酬制』列為待遇上努力追求的目標而無法要求立即辦到。」

綜合言之，「根深蒂固的簡薦委薪俸、加給制度」及「物資稀缺的生活補助經濟現實」等歷史因素不斷地自我強化，加上財政負擔之現實，「非單一薪給制度的鎖定現象」，公務人員現支俸給自然無法順理成章地「成為」計算退休所得「基數」的特定路徑，使得計算退休所得替代率的「分母」，必須另為「法律之擬制」。

「路徑依賴」的背後，利害關係人利益的糾結。制度一旦建立之後，受惠

者成為爭取既得利益的利益團體。他們對現存路徑，強力維護，他們戮力於穩固現有制度，而非選擇合理的新路徑，儘管分類職位制度的單一俸給制較為理想。人事行政局的檢討報告：「以往對於各類人員待遇的調整，由於缺乏有利的管制，以致形成有錢的機關就有辦法。經費較寬裕的機關，就可以在本身財力許可範圍內，要求調整待遇，報奉核准之後，固然可變成正式待遇，否則就暗中支給，形成種種暗盤待遇，不僅形成各機關待遇不平，同時也使得待遇制度趨於紊亂。」在63年度軍公教待遇調整後一般反映意見的簽呈蔣院長核閱公文中：「要避免過去最受指責之『有錢的機關有辦法，有力量的人有辦法』之作風，爾後有關員工給與似仍應由本院統籌規劃，有效管制，不宜由個別機關要求，個別擬案，逐報核定較宜。」各個主管機關基於「自身的利益」致力爭取專業補助費，自不同意人事行政局併銷專業補助費的政策，因而鎖定在歷史已定之路徑，較理想、較專業的單一俸給制就難以落實。

另一個自我利益的因素，84年7月1日實施退撫新制有二個政策目標：一是，抒解政府退休金財務負擔；另一是，提高公務人員退休所得，以前退休金的籌措係由政府全額編列預算，也就是「恩給制」。新制實施後，改由政府與公務人員共同撥繳費用，建立基金支付之「共同提撥制」，那麼，在計算退休金的提撥及給付的基礎上，就必須採取同一基準，為了誘使公務人員接受必須提撥的退休基金籌措經費方式，這無疑是個自我利益思維。因此，在策略上，以「本俸加一倍」取代「本俸加實物代金930元」，將計算退休所得的基數「變大」，自然而然提高了退休所得的目的。一個重要的邏輯性是，「當退休經費籌措制改為確定提撥制後，給付率基準訂於本俸加一倍，提撥率的基準則必然也須訂為本俸加一倍」。基於公平價值考量，計算退休所得的給付率，自然被「鎖定」在本俸加一倍。

伍、結語

74年立法院第三會期第二次全體委員會紀錄，摘錄立法院法制委員會審查新制（二制合一）公務人員俸給法，公行界的泰斗張金鑑委員問：「俸給制度

有以下三種，不知新制的俸給是以哪一種俸給制度為準？第一，生活維持制，例如統一薪俸便是，大小官俸額以維持生活為度。第二，身分表徵制，例如簡薦委制即是，俸額高低視職位高低而定。第三，職位分類制，即工作報酬制，係按工作支給待遇，注重同工同酬和工作績效。新人事制度究竟屬於哪一種制度呢？」當時銓敘部陳部長桂華並未正面回答，大意是表達兼具身分表徵制及工作報酬制，或許不好代替人事行政局回答。

　　究其性質而言，筆者在二個機關實際處理業務的經驗，我會說，二制合一的俸給制度，應該是「工作報酬制」為主，「身分表徵制」為從，「生活維持制」為輔的制度，由於它一直維持「非單一俸給制」的路徑，又基於退休制最基本的價值的指導，使得退休所得替代率的分母計算基準以「本俸加一倍」成為不得不的歷史必然。

參考書目

尹貽梅、劉志高、劉衛東，2011，〈路徑依賴理論研究進展評析〉，《外國經濟與管理》，33（8）：1-7。

李華民，1993，《人事行政論》，中華書局。

房列曙，2016，《中國近現代文官制度》，商務印書館。

林文燦，2009，《公部門待遇管理——策略、制度、績效》，元照出版。

劉瑞華譯，2017，《制度、制度變遷與經濟成就》，聯經出版。譯自Douglass Cecil North. *Institutions, Institutional Change and Economic Performance*. Cambridge University Press, 1990.

韓毅，2007，《西方制度經濟史學研究——理論、方法與問題》，中國人民大學出版社。

第**5**章

公務人員年金制度改革決策基礎之探討——資訊科技運用實例分析[*]

壹、前言

諸葛孔明曰：「為將而不通天文，不識地利，不知奇門，不曉陰陽，不看陣圖，不明兵勢，是庸才也。」掌握決策事實前提（factual premise），才能夠做出正確的決策。舉例而言，「支領一次退休金人員是否該列為年金改革的對象呢？」如果按照「直覺」作為理性決策的基礎，所謂支領一次退休金人員「不該列入」年改範圍。因為「支領一次退休金」的語意，容易轉化成「『早期』支領一次退休金」的描述，更會進一步質變為「『早期』支領一次退休金人員『生活困苦』」。如此一來，依據「經驗或直覺」自然不該將支領一次退休金人員列入年金改革的範圍；而在年改實務上也理所當然，從民國95年第一次年改以來，從未將其列為年金改革的對象。

但若根據全國公教人員退休撫卹整合平台（以下簡稱公教人員退撫整合平台）所蒐集的統計資料顯示，公務人員支領一次退休金人員共有9,752人，而其中按月支領18%利息達5萬元以上者，累計達3,009人。要知道，一次退休金300萬元本金，依法以18%利率存入臺灣銀行，每月利息可領4萬5,000元。如依據公教人員退撫整合平台所呈現的統計資料的事實前提，將其列入年改範圍，應屬理性之決策。「列與不列間」資訊的掌握度成為理性決策與否的關鍵，更攸關公平正義。這也就是筆者主張公務人員年金制度改革的理性決策基礎，應該建立在資料蒐集基礎上的道理所在。

質言之，力求公共政策方案的客觀理性（objective rationality）程度，向為公共行政理論與實務界關切的課題。筆者嘗試結合理論與實務的經驗，建構評估政策方案客觀理性程度的基準為：政策的相關性（policy relevant）及政策

[*] 原刊登於《人事行政》第206期，2019年1月，頁31-43。

客觀性（policy objective）。前者講究政策方案與政策目標的關聯程度，關聯程度愈高，愈有助政策的落實；後者則為求得方案的精確性，透過數據的蒐集與分析來找出最佳方案。由於本文問題意識聚焦於政策客觀性，因而更著眼於透過現代資訊科技（俗稱電腦科技）所具廣泛蒐集、大量儲存及高度運算的特性，極大化年金制度改革的理性或專業化程度。

　　年金制度改革的政策目標是「兼顧基金財務永續性及個人退休所得適足性」，而實現這兩個政策目標的政策方案內容就是「一、建構撙節經費如數挹注退撫基金，二、建構退休所得的天花板與樓地板及三、退休所得替代率以本俸加一倍計算。」所稱「政策的相關性」是在探究上述「二個政策目標與三個政策方案內容」的關聯程度；至於「政策客觀性」則在於呈現三個政策方案內容相關資訊蒐集的廣博性及精確性（林文燦，2018）。此即為筆者所謂政策相關性所指涉的內涵，強調政策方案內政策目標與政策手段間的關聯度或連結度。

　　又以106年1月7日《中國時報》報導：「年金改革中區座談會今天下午在中興大學登場，場外群眾聚集抗議，全國公務人員協會理事長李來希表示，抗議群眾是支持改革，但是反對亂改，不能將反對改革的大帽子丟給他們，他強調堅持信賴保護原則、反對剝奪性的溯及既往的立場。」此一立場或許也是大多數公務人員針對年改的立場——「抗議群眾是支持改革，但是反對亂改」。這個立場在政策規劃意涵上，係探討公務人員年金制度要如何（how to）改革？或者更精準地說，如何「以合於理性的方案」從事年金改革？所提改革方案是否合理，是否能夠滿足大多數公務人員的期望？

　　年金改革方案的主要內容在於：一、不分職業別、新舊制年資或職務別等退休所得力求落實「一個公平價值」；二、兼顧基金財務永續性及個人退休所得適足性的「二個衡平理念」；三、建構撙節經費如數挹注退撫基金、建構退休所得的天花板與樓地板及退休所得替代率以本俸加一倍計算等「三個法制規定」；也可以從倫理角度觀之，具有「犧牲小我，完成大我」的倫理意涵。然而犧牲小我，若不能完成大我，則何言犧牲。犧牲小我是指「降低個人退休所得」，完成大我是指「維持退撫基金財務永續性」，106年年金改革建立「撙節經費如數挹注基金」的制度，使得「犧牲小我，完成大我」的倫理意涵得以

落實（林文燦，2018）。

　　更精實言之，年金改革方案的主要內容，在於兼顧基金財務永續性及個人退休所得適足性的「二個衡平理念」，而主要的財政手段透過「撙節經費如數挹注退撫基金」——亦即「退休撙節經費既然來自降低公務人員退休所得的匯總，自不能過度向退撫基金財務永續性傾斜，否則會嚴重『戕喪』公務人員個人退休所得的適足性，產生所謂『日本下流老人』的現象。」

　　本文之研究重心，在探討透過資訊科技的特性，廣博且正確地蒐集年金制度改革所需的相關資訊，尤其是「『精準』地計算降低退休所得所撙節的經費，而不是『推估』計算降低退休所得所撙節的經費」，以實現年金改革方案的「政策客觀性」或「決策的理性」。

貳、年金改革方案決策分析基礎

　　亞里斯多德認為：「人是理性的動物。」理性應該是人類從事決定的基礎。至於何謂決策？Peter F. Drucker曾說，決策是為了達到一定目標，採用一定的科學方法和手段，從兩個或兩個以上的方案中選擇一個滿意方案的分析判斷過程。他認為管理就是決策的過程，是通過分析、比較，在若干種可供選擇的方案中選定最優方案的過程（鄧明，2011）。筆者認為這個定義除言簡意賅外，更揭示了「在分析、比較，在若干種可供選擇的方案中選定最優方案的過程中」須採用「科學方法和手段」作為分析、判斷的基礎，而所謂科學方法和手段，則可透過資訊科技的運用來蒐集決策所需之資料。

一、年金改革方案決策基礎的抉擇

（一）經驗、直覺或數據的抉擇

　　Thomas H. Davenport與Jinho Kim認為，決策受到許多因素的影響，包括個人的經驗、直覺、檢測，或者資料與分析等。當然，光憑經驗和直覺，也可能做出好決策，當決策者對眼前的事很有經驗時，環境一成不變時，尤其如此。但幾乎各行各業都有證據顯示，量化分析所做的決策較為正確、精確，成果也

較好（錢莉華譯，2015：25）。更進一步言，公私部門組織決策的基礎，可分為二類：1.過去經驗（anecdotal evidence/data），來自於當事人對具體事件的個人經驗，過去對處理某些問題有幫助，於是不自覺地運用到其他問題的解決上，成為其處理問題的思維習慣，尤其是未經實證研究支持者，就是俗稱的經驗或直覺。2.系統性的經驗或循證（systematic empirical research或evidence-based），通過研究大量數據或事實的科學方法，去驗證某些現象。研究結論的獲得或者假設的驗證都需要利用數據，即經驗性的證據或資訊來證明，它不能建立在個人的意見、權威的信念或者主觀判斷之上。

（二）「數據取代經驗或直覺」增進理性決策含量

當前組織環境的瞬息萬變，依賴事實的決策益為可靠，基於事實的決策，自然優於經驗決策。Andrew McAfee與Erik Brynjolfsson認為，不論在政治領域、商業領域、公共服務領域，益發以「數據取代經驗或直覺」作為決策的基礎，大數據決策時代已然降臨。例如，美國教育學界正積極倡導實證的重要性，開始實施以證據為基礎的教育方法評估，其中最典型的案例是：小布希總統執政時所推動之「有教無類」（No Child Left Behind）法案，明文規定：「針對弱勢學生的教育服務計畫，必須考量有科學根據的研究結果」（陳亦苓譯，2014）。

二、年金改革方案決策本質：完全理性或有限理性

Herbert A. Simon認為決策行為是組織管理的核心；雖然他主張組織的決策行為基礎是有限理性的（bounded rationality）。在1970年代資訊科技尚處萌芽階段，他竟能以先知者之洞見，預見透過資訊科技輔助決策的可能性，且主張可藉著資訊科技的精進，擴大人類的理性範圍，提升組織決策的品質。值此以第三代資訊科技革命為基礎的大數據時代，資訊科技之發展及成熟度自不可同日而語，再次重讀Simon於1976年的鉅著《行政行為》（*Administrative Behavior*）第三版，益發印證Simon的主張。

Simon主張決策是組織活動的核心，「理性的」是一種決策行為方式，所謂「理性的決策」即指以理性方式的決策。而所謂「理性」是指非感情的一種

計算、思考的心智能力。而理性決策方式的最高境界或理想境界，係指依「客觀理性」所做的決定。這種決策方式就是決策者在一定情形下，知道所有可能資訊、所有可能行動，知道每一個可能的結果，再就決策者的「價值系統」選擇一個在結果上能夠達到最高價值（目的）的行動。但Simon認為客觀理性決策方式只是一種「假定模式」，不是真實世界裡個人實際的決策方式，實際決策行為距離客觀理性模式甚遠，亦即人沒有這種理性能力。人只是在「冀求理性」，而實際上只有「有限理性」。然而，這種有限理性並非固定的，設若各種非理性因素的限制「如能」排除，則理性限度即可擴大，筆者認為在大數據時代下，Simon主張的「客觀理性」有實現的可能性。

　　綜而言之，筆者認為從Simon論述，可知理性是個程度問題，客觀理性是「最高程度」的理性，有限理性是「盡可能」的理性。這種理性程度不是固定的，以大數據時代資訊科技成熟的現況而言，它具流動性，如能達到客觀理性決策，即不能以「滿意或夠好」為滿足。另一點值得注意的是，人類決策之所以無法是客觀理性的理由，是人類做決策的心理活動，僅有一部分是經由理性的思考及計算，大部分是由於習慣或經驗。而這種習慣的心理決策活動，就是一般在職場上常見的行為模式——以經驗或直覺去做決定。而這種常見的決策行為模式常發生在高職位或長年資的工作同仁身上。

三、年金改革方案決策的定性分析：理性選擇下的有限理性

　　1986年諾貝爾經濟學獎得主James M. Buchanan依據Simon有限理性的觀念，提出「理性（選擇下）的有限理性」。他認為人們會很理智地「選擇」自己要具有多少理性。如果一個人會理智地選擇限制自己的理性程度，一個社會在基本規章上也就值得有意識地、理性地選擇一些畫地自限的做法。譬如，通過憲法修正案要求預算平衡、社會福利措施財務獨立、中央政府不得逾權處理地方政府事務等，都是以作繭自縛的方式來避免弊端、自求多福（熊秉元，2009：84-86）。

　　依據這個說法，年金改革的方案性質是個「在『理性（選擇下）』的有限理性方案」，利害關係人「有意識地」「選擇」自己要具有多少理性，合理地降低所得，在有限理性的思維下，透過資訊科技蒐集、分析數據，盡量提升理

性的程度，提升年金改革政策的決策品質。若結合「如何合理地規劃具體年金改革方案」而言，就決策基準分析，並無所謂「完全理性」的年改方案，只有「有限理性」的年改方案。例如，退撫法第8條第3項規定（退撫基金定期財務精算事宜，以及精算後相關機制）：「第一項所定退撫基金定期財務精算，由退撫基金管理機關就退撫基金之收支、管理與運用情形，每三年精算一次；每次至少精算五十年。」所謂定期財務精算也是在一些假定的條件下進行計算，這也就是「有限理性」的決策基礎。又因年金改革會降低退休人員的退休所得，具有高度爭議性。因此，本文參採熊秉元教授之「理性（選擇下）的有限理性」的論述，要先確定一個政策前提——「與降低退休所得的利害關係人有意識地、理性地選擇一些畫地自限的做法」。

　　106年《中國時報》報導，全國公務人員協會理事長李來希表示，「抗議群眾是支持改革，但是反對亂改，不能將反對改革的大帽子丟給他們，他強調堅持信賴保護原則、反對剝奪性的溯及既往的立場。」筆者從理論上來詮釋，所稱同意改就是熊秉元教授之「理性（選擇下）」；所稱「不同意亂改」或稱「同意合理的改」就是在探討究竟是「理性的改」或「有限理性的改」。本文就是探討如何「有理性的改」。Simon主張，組織的決策行為基礎是有限理性的，而在1970年代電腦科技處開發階段，他已經強調運用資訊科技來輔助決策之後，人類的理性範圍將增加，決策的品質也會提高。從實務觀點而言，Simon有限理性概念應用在年金改革方案規劃上，是建立在（一）資訊科技之運用，（二）數據決策導向之落實等二個基礎之上。

參、年金改革方案決策事實前提相關資訊蒐集之探討

　　Simon認為決策的前提可分為價值前提（value premise）、事實前提。就年金改革而言，筆者認為價值前提係指公平價值；事實前提指盡可能考慮所有方案，而方案的抉擇包含三個活動：一、情報活動（intelligence activity），盡可能蒐集各種相關資訊；二、設計活動（design activity）；及三、抉擇活動（choice activity）（轉引自張金鑑主編，1976：58-62）。依據Simon的看法，

透過資訊科技的「盡可能」蒐集決策的事實前提，是提升決策理性程度的有效手段，這也是本文探討年金改革方案時，強調加強年金改革相關資訊系統建構之原因所在。

運用資訊科技蒐集年金改革所需資訊

如何有效定義年金改革問題，首在如何蒐集公務人員個人退休所得及政府整體退休經費編列之相關資訊。但長久以來的政策論述，不論是支持或反對，都不是建立在事實基礎的討論，其主因即未能有效蒐集相關資訊。例如，有關公保養老給付之支給情形及經費負擔，欠缺實際數據，討論時往往失焦。如今透過公教人員退撫整合平台的建立，已能蒐集到完整的公務人員公保養老給付18%利息數據。

當我們能夠透過公教人員退撫整合平台所蒐集到有關公保養老給付18%利息實際支付數據，其意義是透過資訊科技能夠蒐集到年金改革「事實資訊」，就可以進一步透過數量分析及統計方法，瞭解適用舊制公務人員退休制度支領18%利息的人數，經由人口統計的基本特徵，獲取支領18%利息母體的人口統計情形，例如利息支領數額、職等結構、年資、性別、政府層級（中央、地方）、人員別（公務人員、教師）等；接著，我們可以利用「二個標準差」法則，來瞭解公保養老給付18%利息變異程度，所謂二個標準差原則是依據常態分配的變異量，在其平均值附近兩倍標準差（正負標準差）區間內的概率有95%的比率。從我們所蒐集的龐大數據中，計算出84年以前支領18%利息公保養老給付的平均數及標準差，就可計算出95%支領18%公保養老給付利息的人數。質言之，根據這些「數據的挖掘」，我們可以發現公保養老給付支領數額的分配事實（情形）及變異情形，以數據或事實作為政策論辯及年金改革的基礎，避免訴諸經驗、意識形態或情緒的政策論辯。

另外可利用統計預測的工具，結合內政部所公布國人平均餘命之數據，推估支領18%利息舊制公務人員未來人口統計的變動情形，何時產生支領人口的「高峰效應」及「懸崖效應」，亦即舊制公務人員支領18%公保養老給付利息的人數何時最多的高峰效應，何時會因為平均餘命的「大限」，使得支領人數急遽下降的懸崖效應，這背後所對應的就是造成目前社群對立的18%利息補

貼財務缺口，所引發社會正義、世代正義等公共政策議題，當我們蒐集了這些正確的數據後，透過適當的統計方法，我們就可以探知18%公保養老給付利息經費負擔的真實情形，運用退撫專業知識去詮釋18%公保養老給付利息經費負擔所蘊含的問題意涵及政策意涵，方能據以對症下藥，擬訂解決問題的政策處方。綜而言之，這就是所謂的數位驅動決策過程（data-driven decision making process）。建立「公教人員退撫整合平台」，提升年金改革數據決策價值。

陳副總統於年金改革委員會開幕式所言，年金改革應以循證（evidence-based）為基礎。而106年年金改革政策規劃，也的確與歷次年改截然不同，不同處在於此次年金改革的決策基礎及年改方案，誠如陳副總統所期待的「年金改革應以循證為基礎」。這樣的期待絕非空言，而關鍵在於103年所建立的「公教人員退撫整合平台」，蒐集了全國公務人員及教師的退休所得相關資料。

由於網際網路版人力資源管理資訊系統（以下簡稱WebHR），是整個公務人力資訊系統的核心，是整合相關人事資訊系統的基礎工程，因此，在進一步探討公教人員退撫整合平台之前，應先探討WebHR。

肆、公務人力資訊系統發展歷程

全國公務人力資料庫愈趨完備，全國公務人員資料益為正確、新穎，人事資訊應用功能日臻大備。行政院所屬各級行政機關之日常人事業務益發仰賴電腦處理之，使得人事業務處理流程日益合理化，人事資料益為正確、新穎之後，提升人事服務暨人事決策品質，以下略述公務人力資訊系統（亦即WebHR）的發展過程。

一、業務資訊化之管理意涵

正確的資料是決策的基礎，如何使資料正確一直是資訊化持續精進的目標。欲達此政策目標，在資訊業務的推動策略上，就是要先建立一套能夠滿足第一線人事同仁處理其日常人事業務的資訊系統；建立一個能夠減輕第一線人

事同仁例行業務負擔的人事資訊系統；建立一套能夠讓第一線人事同仁友善而樂於操作的人事資訊系統；建立一套能夠讓第一線人事同仁由依賴產生信賴的人事資訊系統，如此方能「就源蒐集人事資料」，再透過日常不斷地應用，使得資料能做到「正確、新穎的要求」。

　　當年筆者作為原行政院人事行政局（以下簡稱人事局）第四處第三科人事資料科科長時，在推動WebHR前身PC版公務人力資訊系統的說明會上，提出「甘蔗渣」的隱喻，作為落實業務電腦化的策略思維，亦即要達成人事資料正確、新穎之政策目標，須特別講求究其推動策略。如同夜市的現榨甘蔗汁一般，最好喝的甘蔗汁賣給顧客，而甘蔗渣渣留給老闆，老闆可以加值運用。甘蔗汁就是能夠滿足第一線人事人員日常人事作業的資訊系統，而其產生之各種正確人事資料就如同甘蔗渣般，可作為人事決策的依據。

二、公務人力資訊系統發展歷程

　　筆者雖然是高考人事行政類科及格，卻因緣際會地投身於人事資訊業務。在人事局服務的第一個工作，是人事行政總處「資訊處」的前身——人事局第四處第三科人事資料科。因此，對於人事業務電腦化有著深刻的親身體驗。筆者的觀察，我國人事資料的蒐集、管理及運用亦受到資訊科技發展的影響，多年來配合資訊科技、軟硬體、開發工具、資料庫架構的演進，人事資訊系統的發展階段如下：

（一）主機階段

　　為提高人事資訊管理品質，促進人事作業效率化，從71年開始，人事局即陸續依行政院核定之「建立人事行政電腦化資訊系統計畫」暨「行政院暨所屬各機關學校人事行政資訊化統一發展要點」規定，積極推展行政院暨所屬各機關學校人事行政資訊業務。

　　當時，值人事資料業務電腦化伊始之際，囿於電腦硬體之限制，只能建立以主機為基礎的人事行政資訊系統，惟已邁出人事業務電腦化的第一步。人事資訊系統係由原行政院主計處電子處理資料中心協助開發，負責人事資訊系統程式的撰寫、人事資料管理及主機硬體設備的維護等，揆其意旨係將紙本的公

務人員履歷表，轉變成以主機儲存、處理的公務人力資訊系統，建立「公務人力資料庫」，奠定了人事資料電腦化的基礎。

(二) 個人電腦階段

為進一步全面推廣資訊管理，加速基層機關人事業務電腦化，配合PC設備逐漸成熟，乃規劃建立在PC上具有共同性規範之人事業務共用性資訊軟體——「PC版人事管理資訊系統」，提供各級人事機構使用，以協助其有效處理日常人事業務。為避免前述主機發展階段之瓶頸，人事資料蒐集方式由送請人事局及各分工機關集中審查、輸入方式，改由人事資料異動之發生地點（如各人事室）直接登錄，縮短人事資料異動作業期程，以期提高人事資料之正確、新穎。

當時，行政院研究發展考核委員會（以下簡稱研考會）的「政府機關辦公室自動化推動小組」於80年7月間召開第三次委員會議，報告資訊化規劃構想，其中與人事資訊有關之業務為開發人事管理資訊系統。因行政院研考會作業構想與人事局積極開發之「人事管理資訊系統」目標一致；經人事局與行政院研考會邀集有關機關研商，自80年起即進行人事行政資訊系統的開發（筆者躬逢其盛，時任人事局第四處第三科人事資料科科長）。

83年筆者負責開發完成「DOS版人事管理資訊系統」，除推廣至行政院所屬中央機關之外，基於資源共享，擴及銓敘部所主管的其他四院所屬機關，將全國公務人員資料由人工作業方式改由電腦處理，並以磁片方式轉入「公務人力資料庫」。從此，全國公務人力資料庫開始蒐集全國公務人員資料，由於當年業務資訊化的政策目標明確，致使透過該系統推廣使用之後，行政院所屬各級行政機關之日常人事業務均可利用電腦處理，促進人事業務處理流程之合理化，人事資料之正確、新穎，加速各級人事機構業務電腦化，提升人事服務暨人事決策品質等方面。

86年9月配合個人電腦作業系統，由DOS版轉變Windows版，開發「視窗版人事管理資訊系統」（簡稱Windows版），並推廣至各行政機關；89年在節省各機關重複開發之人力及經費考量下，和教育部合作開發「公教人員人事管理資訊系統」（簡稱Pemis2K），使用者含括各級行政機關（包括中央、省屬

及福建省、連江縣各層級行政機關）及學校〔包括國立學校及省立高中（職）以下學校〕。

　　91年開發Client-Server版人事管理資訊系統（Pemis2K系統），供全國各機關使用，由於有統一之資料報送標準作業流程及資訊系統協助，全國公務人員資料之蒐集數量急速增加。全國公務人員資料蒐集已日趨大備。92年開始規劃建置資料倉儲系統，運用資料探勘（data-mining）技術，並於93年完成建置且開始用於產製統計報表及線上統計分析。隨著資料廣泛運用，亦發現資料仍不夠正確。因此，人事資料之蒐集已由量的增加，轉型為質的提升。

(三)結合網際網路發展階段

　　就資訊科技的技術層面分析，97年起運用服務導向架構（service oriented architecture, SOA）、web 2.0等新的資通訊科技觀念和技術，開發WebHR，透過人事行政作業流程再造，縱向整合基層機關及主管機關，橫向整合各人事業務主管機關，改善基層人事人員資料重複報送，資料無法共享等問題。

　　隨著資訊科技變遷，我國人事資料及人事管理資訊系統的發展，從早期主機集中式（主計總處大型主機）、單機DOS版、Pemis2K（視窗版Client-Server架構）、演進到WebHR（網際網路雲端版），爾後更賡續開發各種應用系統，如生活津貼資訊系統、待遇管理資訊系統；而在103年開發的公教人員退撫整合平台，更因全盤掌握公教人員退撫資訊，得以開創數據或循證決策，推動人事政策的首例，使得106年年金改革政策決策過程中，得以極大化專業考量。

三、建構多功能公教人員退撫整合平台

　　以往全國公教人員退休撫卹相關資料散落於各業務主管機關，無法窺其全貌，第一線人事同仁在辦理退撫業務時，須進行許多查證工作，增加許多業務負擔，若偶有查證疏漏，往往使人事同仁負擔法律或行政責任；更遑論從未掌握精確而完整的退休撫卹資料，使得政策之制定或政策論述不具正確性及說服力。

　　換言之，103年以前，95年的一次及100年的二次年金改革時，以及102年

在立法院未完成立法的退撫改革方案，有關已退休公教人員的人數、經費均屬推估，實不合理性決策的基本要求，自難做出更有品質的退撫改革政策及方案。

(一) 公教人員退撫整合平台之管理意涵

退休公務人員所支領的退休所得，包含舊制的退休金、新制的退休金及18%優惠利息。舊制退休金是恩給制，是透過預算編列支給，故編列在公務人員退休所在機關，目前機關數上自總統府下至地方政府的鄉鎮市區公所約有8,000個機關，是以舊制退休人員到底有多少人？舊制退休金所需經費在公教人員退撫整合平台未建立之前無從精準掌握。

自103年建構資料蒐集、業務應用及政策決策的多功能退撫數據整合平台之後，發揮下列各種管理功能：1.充分掌握退撫平台資料庫所建數據；2.運用數據探勘技術；3.有效應用各種統計方法；4.以事實、數據分析；及5.結合年金專業知識，作為年金改革決策參考。

(二) 設置公教人員退撫整合平台之目的

建置公教人員退撫整合平台之目的在於彙整各業務作業及資料，建置單一服務平台，達到跨系統整合、資料流通、簡化作業流程及提供業務主管機關加值服務之目的。

1. 建構單一入口退撫服務平台，有效整合各主管機關主管權責的資料：由於退休及撫卹作業權責主管機關不一，使得人事人員須跨多個資訊系統方能處理日常退撫業務；另業務主管機關亦須取得多方資料，方能統計分析，作業繁雜且不便利。

2. 滿足退撫日常應用需求，進而作為規劃合理退撫政策之依據：公教人員退撫整合平台匯總相關業務主管機關作業及資料，基層及各業務主管機關透過簡便的流程即可辦理各項退休撫卹業務（如申請、核定、查驗、註記、發放等）及預算估算及分析，亦可提供退休資料分析及決策支援。

（三）公教人員退撫整合平台籌設過程

　　為達到人事同仁的日常退撫工作負擔之抒解以及退撫政策主管機關決策能力之精進，筆者在103年服務於人事總處主任秘書任內，在黃人事長富源政策決定下，與人事總處資訊處處長陳邦正及教育部人事處處長張秋元，共同籌建、開發「公教人員退撫整合平台」，整合銓敘部、教育部、公務人員退休撫卹基金管理委員會、司法院、法務部、內政部戶政司、內政部入出國及移民署、衛生福利部中央健康保險署、勞動部勞工保險局、臺灣銀行營運部、臺灣銀行公教保險部及各縣市政府等各主管機關之公教退撫人員資料，建立了統一且完整之退休撫卹整合性查驗及發放服務。

　　公教人員退撫整合平台經過持續測試及修正，且實際操作年終慰問金發放作業之後，使得系統運作順暢，退撫資料益為正確；終於在105年啟動年金改革作業，發揮年金改革支給數據試算，退撫經費計算及退撫政策方案精算的決策功能。

（四）公教人員退撫整合平台之應用功能

　　公教人員退撫整合平台透過滿足日常退撫業務功能，抒解人事同仁作業負擔，提高行政效能，提供退休撫卹核定資料自動接收，退休撫卹人員查驗，月退休金、遺屬年金（月撫慰金）及月撫卹金發放，年終及三節慰問金發放，月退休金、遺屬年金（月撫慰金）資料報送勞保局等，便利領受人資料查驗、各項退撫給與發放作業，茲詳述如次：

1. 退休意願調查：藉由線上退休意願調查，提供年度退休人員預估。
2. 退休、撫卹、遺屬金案件線上申辦作業：提供機關線上申辦案件、主管機關層轉及權責機關審核（定）、核發等作業。
3. 領受人查驗：由平台自動轉出公教人員退撫金、年終及三節慰問金發放領受人，向司法院、內政部、法務部、內政部入出國及移民署、衛生福利部中央健康保險署、臺灣銀行公教保險部及勞動部勞工保險局等七機關查驗相關資料，解決人事人員須個別查詢領受人狀況之困擾。
4. 月退休金、月撫卹金、遺屬年金（月撫慰金）發放：自動產製月退休金、月

撫卹金、遺屬年金（月撫慰金）等之發放金額及清冊，以減輕人事人員計算及造冊工作。

5. 退休人員及撫卹遺族照護發放：自動產製年終慰問金、三節慰問金等之發放金額及造冊，以減輕人事人員計算及造冊工作。

6. 早期退休人員特別照護金申請及核發：提供機關線上申辦案件、主管機關層轉及權責機關審核（定），並提供編列預算機關查詢符合照護人員名冊及核發特別照護金。

7. 退休撫卹預算編列：依年度退休意願調查結果，透過公務人力資料庫列出屆齡退休人員，藉以估算自願退休及屆齡退休人員之支領數額，並發放月退休金、月撫卹金、遺屬年金（月撫慰金），及協助機關提報下年度退休撫卹預算，減輕編列預算機關估算金額工作。

8. 辦理優惠離退公務人員加發慰問金作業：提供機關提報優惠離退人員加發慰問金人員資料，並提供機關進用非現職人員查詢是否為優惠離退公務人員，再依退離日期及加發月數查核是否繳回慰問金。

9. 月退休金及遺屬年金（月撫慰金）資料報送勞保局自動機制：自動將平台上有異動退撫人員報送勞保局，以減輕申報之主管機關定期工作。

10. 統計分析：提供相關分析報表，如退休撫卹人員人數分析、退休撫卹支領方式分析、退休撫卹支領金額分析、退休撫卹年終慰問金分析、退休撫卹三節慰問金分析、公保優存18%金額及人數分析等報表，以供各業務主管機關決策分析。

11. 現職公教人員退休試算：結合全國公務人力資料庫現職資料、銓敘部銓審資料庫、公保優存資料及退撫基金新制年資資料，依據退休撫卹法規，提供公務人員、教育人員最佳退休時點及退休金支領方式等資訊，可減輕人事人員對現職人員詢問作業，並精準試算可領取退休金數額，精進人事服務，提升人事人員專業形象。

伍、精算年改可挹注經費：資訊科技之具體運用案例分享

　　如前所述，年金改革方案的主要內容在於，兼顧基金財務永續性及個人退休所得適足性的「二個衡平理念」，而主要的財政手段透過「撙節經費如數挹注退撫基金」──亦即「退休撙節經費既然來自降低公務人員退休所得的匯總，自不能過度向退撫基金財務永續性傾斜，否則會嚴重『斲喪』公務人員個人退休所得的適足性，產生所謂『日本下流老人』的現象」。如何確保「撙節經費如數挹注退撫基金」，此一政策落實的關鍵，在實質內容方面，須仰賴退撫資訊系統精準計算，自動產生全部（悉數）可挹注之退撫經費；在程序方面，依據退撫法的明文規定，結合財政收支劃分法及預算法規之運作規範，配合網路報送系統，線上作業，避免人工作業可能形成的人工錯誤。凡此種種，皆期盼更有賴公教人員退撫整合平台，發揮資訊科技之資訊蒐集之特性及功能，茲就制度之建構與資訊科技之配合，簡要說明。

一、退撫經費挹注機制

　　依退撫法第40條規定，各級政府因年金改革每年節省之退撫經費支出應全數挹注退撫基金，不得挪作他用；又上開事項應依退撫法施行細則第102條所定之相關作業程序，將每年度節省之退撫經費依法編列預算後撥付入退撫基金。

二、退撫經費挹注機制之落實執行

　　執行力往往比制度的設計更為重要。也就是說，因年金改革每年節省之退撫經費支出，要能全數挹注退撫基金，就須將退撫法第40條所定挹注退撫基金之項目及作業流程，透過資訊化方法及手段使之落實：

（一）精算及確定應挹注金額

1. 應計列挹注金額之個案範圍，為依退撫法第36條至第39條扣減退休所得者，包含民國107年6月30日以前已退休者及107年7月1日以後新退休者。
2. 應計入挹注金額項目：
(1) 前一年度節省之優惠存款利息（不含臺灣銀行負擔部分）。
(2) 前一年度節省之退撫新制實施前年資計給之月退休金（含月補償金）。
3. 應挹注金額之核算、確認及彙報等作業：
   各級政府應於每年1月31日以前，將應挹注之金額，彙送銓敘部審核及彙整。
4. 確定及公告：
   銓敘部在彙整總金額後，報請考試院會同行政院於每年3月1日前確定應挹注退撫基金之金額後，於銓敘部網站公告挹注數額（內含各級政府應挹注金額明細）。

（二）編列預算及撥付退撫基金

1. 編列預算

(1) 公務人員退休撫卹基金管理委員會每年於前一年度退撫經費節省金額確定後，依銓敘部之通知，編列為次一年度預算。
(2) 各級政府（機關）於應挹注金額確定後，依銓敘部通知之金額，報請其支給機關依預算法令，編列為次一年度歲出預算（編列預算後，應挹注金額如有變動，於下一年度再行調整）。

2. 撥付流程

(1) 原則上，由各支給機關編列預算並各自撥付退撫基金。
(2) 各級地方政府以直轄市政府、縣（市）政府及鄉（鎮、市、區）公所等為支給機關者，由財政部及行政院主計總處分別以中央統籌分配稅款、一般性及專案補助款代為撥付退撫基金。

三、由資訊系統精算年改可撙節之經費

　　由退撫資訊系統精算出各機關可撙節之退撫經費後，透過網路作業系統，增建校對及彙報作業功能，送由全國各機關網路線上辦理。

陸、結語

　　就人力資源管理專業領域而言，將研訂人事管理政策的決策基礎建立在科學分析、理性決策的基礎上，這就是所謂循證化人力資源管理。然而，過去我國公部門人力管理實務上的循證運用案例，可謂鳳毛麟角；當下更面對大數據浪潮強力壓境，公部門人事主管機關的人力資源決策者絕不能再心存僥倖，可自外於此一嚴峻的挑戰，必須堅定體認人事政策再也不能全靠經驗或直覺；日後，須仰仗更多正確的數據及其統計分析結果，做出最適的決策，亦即「根據循證，做最適決策」。總之「循證」將為研究人力資源管理政策的主流方法之一，殆無疑義，當更體會「理性決策事實前提」在於資訊系統的完備與資訊的嫻熟運用。

　　年金改革可以從政治、社會及專業等諸多面向分析，然就本文所聚焦專業或理性層面言之，筆者認為最值得稱道的是，106年年金改革宣告「從事人事政策的決策不再以長官經驗或直覺為基礎，而代之能以資訊科技結合數據為決策基礎」之時代的來臨。它「透過公教人員退撫整合平台，有效發揮資訊科技所具蒐集、儲存及運算之功能，進而開創數據決策導向之理性人事決策新猷。」以胡適所謂「但開風氣不為師」的象徵形容之，洵不溢美也。

參考書目

林文燦，2018，〈我國公務人員年金改革核心問題成因之探討──路徑依賴分析〉，《人事行政》，203：56-73。

張金鑑主編，1976，《雲五社會科學大辭典》，台灣商務印書館。

陳亦苓譯，2014，《統計學，最強的商業武器》，悅知文化。譯自西內啓。統計学が最

強の学問である。ダイヤモンド社。2013。

熊秉元，2009，《正義的效益：一場法學與經濟學的思辨之旅》，商周出版。

鄧明，2011，《一本書讀懂德魯克管理智慧》，中國紡織出版社。

錢莉華譯，2015，《輕鬆搞懂數字爆的料：不需統計背景，也能練就數據解讀力》，天下文化。譯自Thomas H. Davenport and Jinho Kim. *Keeping Up with the Quants: Your Guide to Understanding and Using Analytics*. Harvard Business Review Press, 2013.

第6章

公務人員年金制度改革決策基礎 之探討 —— 數據決策導向研析[*]

壹、前言

     政府公共政策的規劃與執行深受「專業因素」與「政治因素」交光互影的影響。公共政策決策與企業決策最大的差別在於，後者可純就「專業因素」決策之，而前者則無法如企業決策般純就「專業因素」決策之，甚而決策的專業性往往因「政治因素」而消弱或扭曲。因此，若從事公共政策的施政績效評估時，須同時自這兩個因素評估之，缺一不可。用一個算式突顯二個因素間關係不可偏廢的重要性，即政策績效＝專業決策×政治決策。換言之，任何公共政策之決策須盡可能專業因素思考，以擴大有限理性的範圍，但卻無法避免受政治因素的左右。

     筆者曾嘗試結合理論與實務的經驗，建構評估政策方案的基準為：政策的相關性及政策客觀性。前者講究政策方案與政策目標的關聯程度，關聯程度愈高，愈有助於政策的落實；後者則為求得方案的精確性及客觀程度，透過數據的蒐集與分析來找出備選方案。年金制度改革的主要政策目標是「兼顧基金財務永續性及個人退休所得適足性」，而實現這兩個政策目標的政策方案內容就是「一、建構撙節經費如數挹注退撫基金，二、建構退休所得的天花板與樓地板及三、退休所得替代率以本俸加一倍計算」。所稱「政策的相關性」是在探究上述「二個政策目標與三個政策方案內容」的關聯程度，筆者已在《人事行政》季刊所發表〈公務人員年金改革的價值、理念與制度〉一文中探討。

---

* 原刊登於《人事行政》第209期，2019年10月，頁60-81。

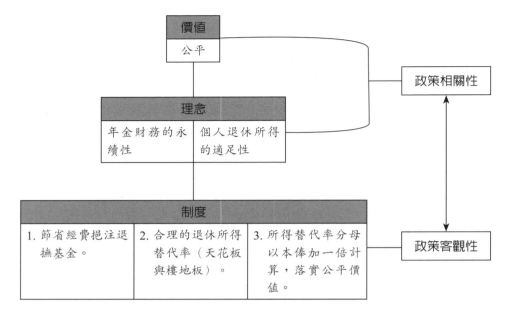

圖6-1　公務人員年金制度改革價值、理念與制度間政策關係

資料來源：筆者自繪。

　　筆者已撰寫一系列探討公務人員年金制度改革政策的論述，一直都有個特別之目的，那就是想要突破法制途徑的傳統探討方式。本文就是嘗試以「政策的客觀性」及「政策的專業因素」角度，以決策理性分析年改政策的規劃過程，試圖結合資訊科技及數據分析學等新興數據分析工具，賦予探討公共人力資源管理研究新的面貌。在理論上，年金制度改革力求「政策的客觀性」或決策時理性的極大化；在實務上則呈現於「一、建構撙節經費如數挹注退撫基金，二、建構退休所得的天花板與樓地板及三、退休所得替代率以本俸加一倍計算」等三個政策方案內容相關資訊蒐集的廣博性及精確性（林文燦，2018）。是以，本文之研究重心，在探討如何盡可能地蒐集數據，並以之作為年金改革決策的依據，透過盡可能「『精準』地計算降低退休所得所撙節的經費，而不是『推估』計算降低退休所得所撙節的經費」，以實現年金改革方案的「政策客觀性」。

　　公共政策決策的客觀理性程度，向為公共行政理論與實務界關切的課題。

Herbert A. Simon在1997年《行政行為》第四版寫道：「『管理行為』有一個假定：決策制訂過程是理解組織關鍵所在。上述種種發展使得這一假定比二十五年前更可信了。」（詹正茂譯，2019）研究政府重大公共政策制訂過程，接受Simon決策理論者，為數不少。該書主要內容在探討組織（尤其是政府組織）的決策抉擇，取決於有限理性。在現實環境條件的限制下，公共政策只能盡可能尋求滿意決策，而無法獲得最優決策。如前所述，本文研究既聚焦年金制度改革的「政策客觀性」，如能善巧地應用其決策理論精神，不論在理論和實務上都是一個饒有興趣的嘗試。

貳、理論探討：公務人員年金制度改革決策與數據分析

　　Simon提及，行政通常被認為是「使事情做好」的藝術，主要強調確保行動的方法與過程。但是人們卻很少關注行動之前的決策，即決定應該採取什麼樣的行動。任何實際行為都既包括決策，也包括行動，但是人們卻很少認識到行政理論應該既包括決策過程也包括執行過程。這種忽視主要是因為人們認為決策只發生在形成整體政策時，事實上決策和行動一樣貫穿於組織的整個過程中，行政理論應該包括確保決策過程成功的理論（譚榮功，2012）。Simon提及，《行政行為》第四版有雙重任務：「第一，就是清晰地描述自人類組織出現開始，對其有效運作非常重要的決策制定和人員管理過程。第二，就是瞭解現代技術如何改變我們的社會價值觀和社會實踐、電子通信和資訊處理新技術正如何改變管理和決策過程。」（詹正茂譯，2019）此一論述將為本文採用，因它正契合本文著眼於「以數據決策途徑來分析公務人員年金制度的改革歷程」的研究旨趣。

　　本文所謂數據決策包含兩個次級概念，分別為「數據」及「決策」。先就「決策」概念探討，年金制度改革是近年來政府推動的重大公共人力資源管理變革之一，其決策過程為何？等同於探討公共人事制度的決策基礎的根據是什

麼？公共人事政策決策的理性基礎是什麼？公共人事政策之決策可以透過現代資訊科技及數據分析工具，盡可能增進理性程度，獲得「更」滿意的決策嗎？公共行政學術領域內談到以決策來描述組織行為，當然以Simon為馬首是瞻，以Simon決策概念的論述為基底。

一、公務人員年金制度改革之決策本質

Simon在1947年出版《行政行為》第一版，該書旨在彰顯組織如何可從其決策過程，獲致充分瞭解；「決策是行政的核心」（decision-making is the heart of administration），決策貫穿行政的過程，各種管理活動如計畫、組織、領導和控制都是離不開決策活動。我們或許可以這麼說：「Simon主張所有組織中所從事的『行政行為』都『始於』決策，『經由』決策，『終於』決策。」筆者綜整相關文獻，試將Simon的決策理論層次化並論述如下：（一）決策假定：對人的理性行為假定為「行政人」；（二）決策基礎：有限理性及滿意決策論；（三）決策前提：事實（facts）前提及價值（values）前提；（四）決策階段：包括四個主要階段：1.蒐集情報；2.列出可行方案；3.擇優選擇方案；4.對選擇的方案和實施進行評價；及（五）決策技術：基於有限理性，能善運電腦裡的數據及資訊據以決策，則理性的程度將會擴大，決策的品質就能提高。

本文既聚焦於闡釋年金制度改革的決策過程，則將探討下列問題：（一）年金制度改革決策的有限理性及滿意決策；（二）探討年金制度改革的事實前提及價值前提等決策前提；（三）探討公務人員年金制度改革的決策階段；（四）運用資訊科技增進年金制度改革決策的理性程度；及（五）運用數據決策導向增進年金制度改革的客觀程度性及專業性。

（一）年金制度改革的有限理性面向及滿意決策

1. 有限理性

Simon在1996年出版的自傳中提到，成為日後近五十年研究工作指導原則的有限理性概念，是源自小白鼠通過心理學實驗中迷宮的觀察。筆者閱讀以下的文字，心有戚戚焉，任職於政府人力資源管理政策規劃部門，會不會也是一

直「在迷宮中不斷地做各種嘗試與決策」，Simon說：

> 博士論文審視了作為決策過程的行政管理，借助迷宮的隱喻搭建了論證的框架：小白鼠要經過心理學實驗中的迷宮，做出各種決策，才能夠最終找到食物，這個過程可以改變簡化的人類決策模型。雖然好幾個看過論文初稿的人都反對使用人類和小白鼠的類比。經過深思熟慮，我在發表論文時，去掉了有關實驗和迷宮隱喻的描述，但我現在引述當時論文初稿的話，很明顯是要表達我在論文中已經提出的觀點：決策無非是在不斷分岔的道路上做出的區分選擇的過程（陳麗芳譯，2018）。

Simon提及，所謂決策是指員工實際做決定的行為。而決策到底如何做成，一般而言可分為：理性（rationality）、有限理性及直覺（intuition）。Simon認為，完全的合理性是難以做到的，管理中不可能按照最佳化準則來進行決策。首先，未來含有很多的不確定性，資訊不完全，人們不可能對未來無所不知；其次，人們不可能擬定出全部方案，這既不現實，有時也是不必要的；第三，即使用了最先進的電腦分析手段，也不可能對各種可能結果形成一個完全而一貫的優先順序。作為管理學科的一個重要學派，決策理論學派著眼於合理的決策，即研究如何從各種可能的抉擇方案中選擇一種「令人滿意」的行動方案（陳麗芳譯，2018）。

March在闡述有限理性時有一段陳述如下：

> 對現實世界中決策的研究表明，並不是所有的備選方案都是已知的，並不是所有的結果都要考慮，並不是所有的偏好都在同一時間出現。決策者們不會考慮所有的備選方案，相反，他們僅考慮為數不多的幾個備選方案，而且不是同時研究，而是按順序研究這幾個方案（王元歌、章愛民譯，2007）。

此段文字很貼切地描述銓敘部在年金制度改革決策過程中的實際狀況——

僅能提供為數不多年金改革中所得替代率備選方案（80%至75%；75%至65%；75%至65%）供決策者抉擇，也標記了年金制度改革的有限理性決策本質。

2. 滿意的決策

Simon認為，所謂「滿意」即選擇不錯的行為而非最優的行為，以夠用為度。「有限理性」和「滿意決策論」在現實生活中的決策判斷取決於有限理性，在這種條件下，人們尋求的是滿意解決方案，而非最佳解決方案。在組織中所進行的「行政行為」核心活動就是組織中決策的過程，Simon主張合理的決策，即研究如何從各種可能的抉擇方案中選擇一種「令人滿意」的行動方案（華力進，1976；彭懷恩譯，1982；李文釗譯，2006；譚功榮，2012；詹正茂譯，2019）。

3. 決策的前提

Simon為了進行科學決策，首先對「事實」和「價值」進行了區分：所謂價值，指的是「應該是什麼」（不管如何確定）；而所謂事實，指的是「是什麼」。組織決策應該基於實證與規範因素兩方面的假設，即事實前提和價值前提。事實前提是透過對組織及其環境瞭解和資訊獲取中確定的，而價值前提則包括目標、道德和法律等約束（譚功榮，2012：157）。Simon認為，任何決策都是建立在一系列事實基礎、價值因素、客觀環境及外部限制上，這些所有因素，Simon稱之為「決策前提」，也可簡約為「事實前提」和「價值前提」，前者係指對客觀事實及運行狀態的描述，因此可以證明正確或錯誤；後者係指對未來狀態的一種選擇，是一種偏好，無所謂正確或訛誤（李文釗譯，2006）。

筆者研讀Simon《行政行為》原著及相關文獻，體會到其理論要旨從「行政人的假定有限理性、滿意決策論」，到「Simon鍾愛資訊科技，運用電腦大量儲存數據，高速運算等特性，不斷擴大『有限理性程度』的見解」，發現探討有關事實前提與價值前提的「區別」者多，而探討二者間「關係」者少。筆者認為運用Simon的決策理論於研析政府公共政策時，有助於使事實前提與價值前提有較緊密的結合，也因此就形成目標與手段連鎖的討論，在實務上，可以避免目標替代的弊病。

　　值得注意的是，政府部門重視公共政策的公共性，在過分強調事實前提的分析及決策工具的情形之下，會形成經驗主義至上的弊病，有二句名言分別是「無法評量，就無法管理」（no measurement, no management）及「重要都難以量化，能夠量化的都不重要」（not everything that can be counted counts, and not everything that counts can be counted）。前一句名言可以解讀為「事實前提」之上的弊病；而第二句名言則可解讀為避免過度強調事實前提而忽視了公共價值；此外，又有另一層積極意涵，即不可忽視「價值前提」與「事實前提」之間的必要關聯的重要性，也就是筆者於《人事行政》季刊所發表〈公務人員年金改革的價值、理念與制度〉一文中探討的。所稱「政策的相關性」是在探究上述「一個價值、二個政策目標與三個政策方案內容」的關聯程度，代表公共政策的價值前提，具有「校正」代表有限理性滿意決策之事實前提的功能。

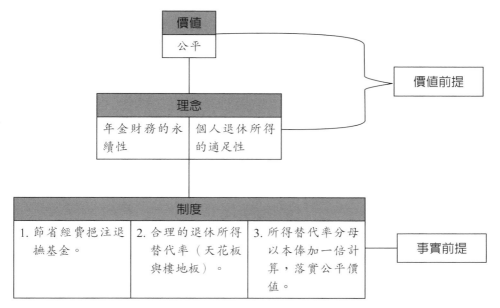

圖6-2　公務人員年金制度改革價值、理念與制度之價值前提與事實前提

資料來源：筆者自繪。

(二) 擴大決策理性的程度

1. 建構行政組織決策的階段完整性

　　Simon認為，所謂決策是指員工實際做決定的行為，它包含四種活動：(1)情報階段（intelligence phase）：這是決策過程的第一步，決策者要確認或偵測問題或機會，以及依據問題去蒐集數據（data）；在這一階段，包含二個主要活動：①問題的探究（problem searching）、②問題形成（problem formulation）。(2)設計階段（design phase）：係指為問題設計出解決方案輪廓的過程，即針對手上的問題，提出解決的方案。(3)抉擇階段（choice phase）：在這個階段會從依據某些基準所擬出的各種解決（答）方案，針對每一個解決方案相互比較之後，選出「最合適」的解決方案。(4)審查階段：對過去所選擇的方案，施予評價（詹正茂譯，2019）。

　　毛治國教授對於Simon的決策理論有精闢的研究。他稱之為IDC模型，對之描述跳脫英文的直譯，而賦予中文及實務的意涵，更具有參考價值。他將intelligence闡釋為，是決策者運用外來資訊，發覺問題徵候、喚起問題意識、理解問題成因等的一種發現並定義問題的過程。它的內涵比這個字的軍事用語原意「情報」一詞有更豐富的意義，本文稱這個階段為「認識問題」的過程。至於design則是決策者針對既定的決策問題，去發想、構思、設計與分析各種解題方案的過程，本文稱這個階段為「設計對策」。而choice則是決策者針對各種可能解題方案，進行利弊得失評價，並做出最後取捨與抉擇的過程，本文稱這個階段為「抉擇對策」（毛治國、鄭琇君，2009）。John Adair於其暢銷書中《決策與解決問題》（*Decision Making and Problem Solving*）中，提出經典決策五步驟：(1)定義目標、(2)蒐集相關資訊、(3)提出備選方案、(4)做出決策及(5)實施和評估（姚曉寧，2017）。

　　公務人員年金制度改革的歷程，不脫Simon所主張的四個決策活動，若以Adair經典的決策五步驟分析，就(1)定義目標階段：在於確定年金制度改革目標為「兼顧基金財務永續性及個人退休所得適足性」。(2)蒐集相關資訊階段：包含從105年6月23日至11月10日，共召開20次國家年金改革委員會會議，提供後續國是會議分區會議及全國大會討論。(3)提出備選方案階段：由行政

院、銓敘部等依據歷次委員會會議具體意見初擬改革方案、進行相關參數精算，及評估可能造成的影響[1]。(4)做出決策階段：公務人員退休資遣撫卹法草案於106年2月23日函陳考試院審議，106年3月30日函送立法院，並於106年6月27日完成三讀，106年8月9日公布。(5)實施與評估階段：除第7條第4項及第69條自公布日施行（106年8月11日）外，其餘條文自107年7月1日施行。

2. 運用資訊科技增進決策的理性程度

　　Simon在《管理決策新科學》（*The New Science of Management Decision*）指出，決策制定包括四個主要階段，即探索決策制定的理由、研訂各個可能的行動方案、在所擬各個行動方案中進行抉擇及對所抉擇的方案施予評價。該書主旨係闡明電腦及資訊技術的運用會直接對組織決策過程產生影響，資訊加值處理的關鍵已不再是製造、儲存或分配資訊，而是對資訊進行過濾、加工處理。今天的稀有資源不是資訊，而是處理資訊的能力（李柱流等譯，1982）。筆者認為這本書的要旨，就揭示「決策」與「資訊處理」間科際整合的可及性，運用電腦等資訊科技處理能力提升決策品質的可行性。

　　此論述洞見於1970年代，領風氣之先，令人敬佩。值此2020年代，我們公部門公務人力決策理當更善用資訊科技及數據分析，以提升決策品質。尤其是，面對公務人員年金制度改革，此一攸關退撫基金財務永續性、公務人員退休所得適足性、公務人力供給情形及現職公務人員士氣等重大政策事項，就年金制度改革的專業層面，更賴運用Simon決策理論及其所強調善用資訊處理特性，以增進決策品質。

　　涂子沛（2015：87）提及：「1946年人類歷史上第一台電子電腦在美國費城問世，一年之後，Herbert Simon教授出版了《行政組織的決策過程》一書，這本被後世視為經典著作。1975年，由於對人工智慧的貢獻，他獲得了計算機學界的最高獎項：『圖靈獎』；1978年，他又因為對『商務決策過程』的出色研究，戴上了諾貝爾經濟學獎的桂冠。追本溯源，學界普遍認為，西蒙對決策支援系統的研究，是現代商務智慧概念最早的源頭和起點。他播下的『決策支

---

[1] 2017，〈軍公教年金改革──建構永續的年金制度〉，行政院：https://www.ey.gov.tw/Page/5A8A0CB5B41DA11E/e021cef3-b983-449b-add8-0ea0eb18f4e6，檢索日期：2019年10月2日。

援』的種子，在半個世紀以後，卻結出了『商務智慧』的果實，並成為信息時代的一朵奇葩。他指出，人類的理性是有限的，因此所有的決策都是基於有限理性的結果。如果能利用存儲在電腦裡的資訊來輔助決策，人類理性的範圍將會擴大，決策的品質就能提高。」March（1994）說，有限理性的核心觀點是個體都試圖理性。儘管決策者試圖做出理性的決策，但他們被有限的認知能力和不完全的資訊所束縛（王元歌、章愛民譯，2007）。基於有限理性而力求理性的決策行為，更須仰賴資訊科技及數據分析之結合應用，有以致之。

公務人員年金制度改革的決策過程，基本上契合Simon的此一論述，可借用此一段文字描述年金改革決策內涵為：「從事年金改革決策人員的理性是有限的，因此所有的決策都是基於有限理性的結果。如果能利用存儲『公教人員退撫整合平台』的資訊來輔助決策，從事年金決策人員理性的範圍將會擴大，決策的品質就能提高。」誠如Simon所言，隨著資訊處理技術的迅速發展，企業決策和公共決策過程變得比過去精密得多，也理智得多（詹正茂譯，2019：234）。公務人員年金制度改革始自95年，其間又歷經二次改革，其決策基礎是建立在推估的基礎上，而107年實施的年金制度改革的政策決策過程截然不同，如同Simon所言，107年年金改革透過「公教人員退撫整合平台」儲存了所有公教人員退撫資訊，也運用了商業智慧（business intelligence, BI）的分析工具，依據信而有徵的數據，精準地試算出決策過程中各種改革擬案，作為擇定最後政策備選方案的參據，隨著資訊處理技術的迅速發展，公共決策過程變得比過去精準得多，也理性得多。

二、公務人員年金制度改革之數據分析決策

日本統計學家西內啟在《統計學，最強商業武器》一書指出，「實證」改變醫療觀念，現代醫學中有個最重要的概念——實證醫學（evidence-based medicine, EBM），所謂「實證醫學」就是以數據和統計分析來做出最佳判斷，成為現代醫學的主流。此外，教育、棒球、經濟學及商業流程亦深受實證或循證的影響。美國教育學界正積極倡導實證的重要性，開始實施以證據為基礎的教育方法評估，其中最典型的案例是，小布希總統執政時所推動之「有教無類」（No Child Left Behind）法案，明文規定：「針對弱勢學生的教育服務

計畫，必須考量有科學根據的研究結果」（陳亦苓譯，2014）。

(一) 數據決策的趨勢

耶魯大學法學院教授丹尼爾‧埃斯蒂，曾有一段發人省思的見解（涂子沛，2015：61）：

> 儘管資訊時代的技術進步已經徹底改變了商業領域和體育運動領域的決策過程，但聯邦政府對這些新技術的應用還僅僅處在一個開始的階段。要實施「資料驅動的決策方法」（data-driven decision making），我們不僅要使用新的技術、還要改變目前的決策過程。然而，一旦打破這些障礙，我們將從中獲益：政府將更有效率、更加開放、更加負責，引導政府前進的將「基於實證的事實」，而不是「意識形態」，也不是利益集團在政府決策過程中施加的影響。機遇就在眼前。我們現在需要具有遠見的政治領袖立刻抓住這個機遇。

就人力資源管理專業領域而言，將研訂人事管理政策的決策基礎建立在科學分析、理性決策的基礎上，這就是所謂循證化人力資源管理。Steve Lohr主張大數據主義，認為所有決策都應當逐漸摒棄經驗與直覺，並加大對數據與分析的倚重（胡小銳、朱勝超譯，2015）。人事政策不能再單靠經驗或直覺，而是輔以更多用正確的數據及其統計分析結果，做出最適的決策。亦即「根據循證，做最適決策」，「循證」為研究人力資源管理政策的主流方法之一（林文燦，2018）。

(二) 數據分析的類型

大數據時代來臨後，企業更仰賴數據分析，於是透過資訊科技（硬體）、資訊分析工具如商業智慧（軟體）及統計分析工具，發展出商業分析學。Michael Watson與Derek Nelson對「數據分析」定義為：數據分析是利用資料獲得洞察力，說明人們更好地做決策的學科集合。要做好資料分析，就要靠分析學。所謂分析學，就是廣泛運用資料、統計分析、量化分析、解釋模型

（explanatory model）、預測模型（predictive model）和以事實為根據的管理，藉此產生決策並提升價值。按研究方法與目的不同，分析學可分為敘述性（descriptive）、預測性（predictive）和規範性（prescriptive）三類，其定義如表6-1。相同之處在於這些分析學都建立自蒐集正確而客觀的資訊，透過合適性的統計方法加以分析，然後利用不同領域的專業予以詮釋。

表6-1　數據分析的類型

分析的類型	定義
描述性	運用簡單的統計技術來描述數據或者資料庫中包含了什麼，比如製作描述顧客年齡的橫條圖，用於百貨公司按年齡定位目標客戶群。
預測性	運用高等統計技術、資訊軟體或運籌學（即作業研究）方法來識別預測變數，並建立預測模型來識別哪一種用描述性資料分析，無法觀測的趨勢和關係。例如將多元迴歸用於揭示年齡、體重和鍛煉對減肥食物銷售的影響（或顯示沒有關係）。知曉某種關係的存在，有助於理解為什麼一組自變量的集合，會影響諸如公司績效這個因變數。
規範性	運用決策科學、管理科學、運籌學（應用數學技術）來對資源進行最優化配置。比如百貨公司針對目標客戶的廣告預算有限運用線性規劃模型來最優地分配不同廣告媒體的預算。

資料來源：王忠玉等譯（2014）。

　　進一步言，描述性分析學是分析學分類中的入門階段，通常也稱為商業報告，因為這一階段的大部分商務工作都圍繞著這樣一些問題——「發生了什麼」以及「正在發生什麼」展開，描述性分析學也稱為商業智慧。而預測性分析學則是預測性分析，包括一系列技術（如數理統計、模型構建、資料探勘等），根據歷史資料去預測未來。簡言之，決策者根據預測性分析報告，思考「將來會發生什麼？」，至於，規範性分析學就是利用複雜的數學模型確定解決問題的最佳方案。這類分析學要回答的問題就是：「我應該做什麼？」，應用優化，類比以及啟發式決策建模技術（丁曉松、宋冰玉譯，2016）。

參、實務探討：公務人員年金制度改革方案之數據決策分析

　　筆者的職涯因緣負責公務人力資訊系統開發，具有博士的科學研究訓練，加上長期主責公務人力政策的規劃與執行，乃鍾情人力資源管理數據的決策，曾對行政院暨所屬各機關人事決策數據分析發展階段嘗試性地分為：一、經驗或直覺主導（導向）的決策階段（56年至100年）；二、數據驅動、循證人力資源管理發展階段（101年起）；以及三、大數據決策萌芽階段（106年起）。

　　從實務觀點而言，Simon有限理性概念應用，在年金改革方案規劃上是建立在：一、資訊科技之運用；二、數據決策導向之落實等二個基礎之上。自103年建構資料蒐集、業務應用及政策決策的多功能退撫數據整合平台之後，發揮下列各種管理功能：一、充分掌握退撫平台資料庫所建數據；二、運用數據探勘技術；三、有效應用各種統計方法；四、以事實、數據分析；及五、結合年金專業知識，作為年金改革決策參考。

一、描述性分析：有效掌握公務人員年金制度改革決策的數據

　　Chris Anderson在〈理論的終結：資料洪流淘汰科學方法〉提及，「這篇文章不僅讓我感受到數據和高級分析的力量，更讓我瞭解這兩者的結合對企業用戶體驗的意義。這篇文章的前提是從海量的資料中能夠獲得對業務的認知，而不像使用樣本數據時一樣需要大量的統計模型。」（錢峰譯，2016：89）由於這次年金制度改革的數據分析之描述性分析部分，是建立在「公教人員退撫整合平台」的「數據精算基礎」上，不同於95年、100年二次年改是建立在「數據推估基礎」上。更重要的是：透過「公教人員退撫整合平台」的「完整數據」，印證了前段文字中「這篇文章的前提是從海量的資料中能夠獲得對業務的認知，而不像使用樣本數據時一樣需要大量的統計模型」的論述，107年年金改革透過描述性統計分析發現一些現象，因而形成截然不同的決策方向。筆者體認了公務人力政策決策的有限理性，如能加強透過資訊科技運用及新興數據分析學的應用，持續擴大人事政策決策的理性程度，是個省思與期盼，也

是筆者撰寫這篇文章的主要目的所在。

(一) 掌握全體公教退休人員支領退休金的實際情形

依據退撫法及相關規定，退休人員支領退休金之類型可分為七類，包含：第一類：舊制月退休金+新制月退休金+優存利息；第二類：舊制月退休金+新制月退休金；第三類：舊制月退休金+優存利息；第四類：新制月退休金+優存利息；第五類：舊制月退休金；第六類：新制月退休金；及第七類：一次退休金之優存利息。由於「公教人員退撫整合平台」的「完整數據」，得知支領退休金總人數（不含第七類）為13萬5,224人，月退休金支給數額平均為5萬6,383元。第一類之舊制月退休金+新制月退休金+優存利息，通稱所謂支領「新、舊制月退休金人員及公保養老給付優存利息」，首列為須降低退休所得之改革對象，計10萬4,704人，而其月退休金支給數額平均為6萬1,362元，最高（通稱天花板）者為10萬8,432元，詳如表6-2。

表6-2　107年公務人員年金制度改革前支領退休金人數支給數額統計表

月退休所得金額	第一類	第二類	第三類	第四類	第五類	第六類	第七類	不含第七類
10,000以下	-	6	1	-	8	8	915	23
10,001～20,000	172	503	105	46	460	413	1,925	1,699
20,001～30,000	1,148	3,516	1,601	20	1,488	185	1,525	7,958
30,001～40,000	3,837	4,766	3,032	40	621	4	1,436	12,300
40,001～50,000	11,556	4,499	2,325	35	267	-	1,811	18,682
50,001～60,000	33,609	2,826	1,339	14	5	-	1,037	37,793
60,001～70,000	32,221	1,366	459	1	-	-	399	34,047
70,001～80,000	13,277	459	43	-	-	-	260	13,779
80,001～90,000	5,180	54	-	-	-	-	2	5,234
90,001～100,000	3,063	-	3	-	-	-	0	3,066
100,001～110,000	639	-	1	-	-	-	0	640
110,001以上	2	-	1	-	-	-	9	3
總人數	104,704	17,995	8,910	156	2,849	610	9,319	135,224
平均月退金額	61,362	41,516	40,343	31,753	27,058	17,968	33,125	56,383

資料來源：筆者依據公教人員退撫整合平台整理而成。

(二)支領一次退休金人員「該不該列入」年改範圍

　　支領一次退休金人員是否該列為年金改革的對象呢？如果按照「直覺」作為理性決策的基礎，所謂支領一次退休金人員「不該列入」年改範圍。因為「支領一次退休金」的語意，容易轉化成「『早期』支領一次退休金」的描述，更會進一步質變為「『早期』支領一次退休金人員『生活困苦』」。如此一來，依據「經驗或直覺」自然不該將支領一次退休金人員列入年金改革的範圍；而在年改實務上也理所當然，從95年第一次年改以來，從未被列為年金改革的對象。但若根據公教人員退撫整合平台所蒐集的統計資料顯示，公務人員支領一次退休金人員共有9,752人，而其中按月支領18%利息達新台幣5萬元以上者，累計達3,009人。要知道，一次退休金300萬元本金，依法以18%利率存入臺灣銀行，每月利息可領4萬5,000元。如依據公教人員退撫整合平台所呈現的統計資料的事實前提，將其列入年改範圍，應屬理性之決策，詳如圖6-3。「列與不列」間資訊的掌握度成為理性決策與否的關鍵，更攸關公平正義（林文燦，2019）。

優存利息級距	人數
10,000以下	915
10,001-20,000	1,925
20,001-30,000	1,525
30,001-40,000	1,436
40,001-50,000	1,811
50,001-60,000	1,037
60,001-70,000	399
70,001-80,000	260
80,001-90,000	2
110,001-120,000	1
120,001-130,000	4
130,001以上	4
總和	9,319

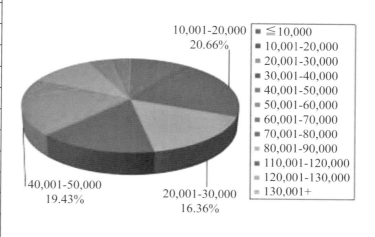

圖6-3　107公務人員年金制度改革前支領一次退休金之優存利息人數及數額情形

資料來源：筆者依據公教人員退撫整合平台整理而成。

(三) 公教職業別退休所得公平性問題

不同職業別（公務人員支領專業加給，教師支領學術研究加給，職業有別，學術研究費標準高於一般公務人員專業加給）相當等級公教人員，其所支退休所得宜相同。在計算公教人員所得替代率時，如果公務人員用本俸及專業加給加權平均數的合計數當分母；教師用本薪及學術研究加給合計數，在相同的所得替代率之下，教師退休所得高於相當等級的公務人員退休所得，並不公平，詳如圖3-15分母組1；反之，若均以本俸（薪）加一倍為分母內涵，其退休所得相同，方屬公平。

筆者有一個主觀的看法，認為一位稱職的人事人員從事人事決策時，須具備三種專業能力：資訊科技專業（蒐集）、統計分析專業（分析）及人力資源專業（詮釋），亦即人事專業要具有三種專業能力：資訊力、統計力及人資力。何以故？試以「大專校院以上教師、高中以下教師及一般公務人員等三個類型的退休所得統計分析後，並予以專業的詮釋」為例。

就統計專業（分析）論之。描述性統計分析要對調查母體的有關資料做統計性描述，常用的統計量有平均值、中位數、眾數、變異數、標準差等。資料的集中趨勢一般採用平均值、中位數表示；資料的離散程度一般採用變異數、標準差表示。從圖6-4、圖6-5、圖6-6得知，105年度已退公務人員月退休金平均數為6萬1,362元；已退大專校院以上教師月退休金平均數為7萬6,690元；已退高中以下教師月退休金平均數為7萬1,306元。單就平均數這個統計量來看，大專教授的月退休金數額最高。若以代表離散程度的統計量——標準差來看，105年度已退公務人員月退金之標準差為1萬3,336元；已退大專校院以上教師月退金之標準差為1萬4,897元；已退高中以下教師月退休金之標準差7,745元，單就平均數這個統計量來看，大專教授的月退休金離散程度最大。

從人力資源專業（詮釋）論之。已退大專校院以上教師月退休金平均數為7萬6,690元，單就平均數這個統計量來看，大專教授的月退休金數額最高。但為何媒體多有報導「大專教師退休金普遍不如中小學教師呢？」事實情形如何呢？筆者認為，如果從標準差來看，大專教授的月退休金離散程度最大，即大專校院已退教師的退休金數額差異大於中小學已退教師。要探究其真實情形，

須從教育人員任用條例及相關法規詮釋之。而媒體的這個報導，與事實相當接近，何故？要知年金制度的變革不能單純就退休制度本身，還有綜合考量「非年金因素」，如任用制度、陞遷制度、待遇制度及考績制度等其他人事管理措施，方得觀其全貌，若從人事研究專業領域解詮釋，這就策略性人力資源管理；從思維角度言，這就是系統思維，可避免見樹不見林的弊病。

依據「教師待遇條例」第7條第1項規定：「高級中等以下學校教師（以下簡稱中小學教師）之薪級，以學經歷及年資敘定之；專科以上學校教師（以下簡稱大專教師）之薪級，以級別、學經歷及年資敘定之。」以中小學教師為例，大學畢業的教師敘薪本薪為190至450薪點、年功薪625薪點。由於教師是按其學經歷及年資給薪，沒有職等的限制，一般情形之下二十四年都可以敘到年功薪625薪點。換言之，高級中等以下學校教師服務退休時都可以敘到年功薪625薪點。以大學畢業22歲，初任教師平均年齡24歲計，退休年資大多可達三十年而教師年功薪為625薪點，相當於公務人員710俸點，也就是公務人員簡任第十三職等本俸一級。

反觀，大專以上教師初任平均年齡為35歲，依據教育人員任用條例第14條第1、2項規定：「大學、獨立學院及專科學校教師分為教授、副教授、助理教授、講師。大學、獨立學院及專科學校教師應具有專門著作在國內外知名學術或專業刊物發表或已為接受且出具證明將定期發表，或經出版公開發行，並經教育部審查其著作合格者，始得升等；必要時，教育部得授權學校辦理審查。」大專院校任教的助理教授要升等為副教授；或副教授要升等為教授，並非易事。107學年度公立大專老師人數如下：教授8,524人、副教授6,122人、助理教授3,932人、講師730人，總計為1萬9,308人，教授僅占44.15%，意味著並不是每位大專教師都可升等為教授，晉薪至最高薪770薪點，不若中小學教師可每年晉敘薪級，且少有例外，都可晉薪至625薪點。要知道公教人員退休金之數額，是由薪額與公務年資決定，而服務年資長短對退休金多寡影響更大，大專教師退休年資要達三十年，必須工作到65歲，而中小學教師只要任教至54歲即可。簡言之，較之中小學教師月退金支領情形，大專以上教師有二不如：1.初任年齡高，退休年資短；2.教授、副教授、助理教授、及講師四級，等級森嚴，升等不易，大專教師能敘至最高級770薪點教授等級，約莫為四成。

　　同樣地，高考及格公務人員初任人員以科員任用，敘薪385俸點，如果沒有占到專員缺，就不能升到薦任第八職等，服務三十五年退休，最高只能到薦任第七職等年功俸六級590俸點；普考及格人員以委任第三職等本俸一級280俸點起敘，服務三十五年退休最高的俸點是委任第五職等年功俸十級520俸點；初等考試及格人員以委任第一職等本俸一級160俸點起敘，服務滿三十五年退休，最高俸點是委任第三職等年功俸八級415俸點。這也是公務人員退休金標準差為1萬3,336元，意謂著其離散程度較大，其月退金支給數額亦不及中小學教師。公務人員陞遷受職務列等的限制，不占缺就無法陞遷，致退休俸額不如中小學教師，退休所得自然較低。

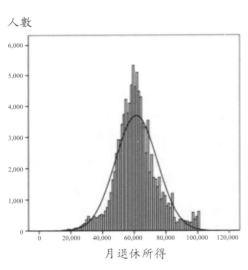

敘述統計摘要	
總人數	104,704（人）
平均數	61,362（元）
中位數	60,497（元）
標準差	13,336（元）
最小值	11,572（元）
最大值	112,520（元）
眾數	100,842（元）
	（288人）
平均數-2*標準差	34,690（元）
低於人數	3,008（人）
	（2.87%）
平均數+2*標準差	88,034（元）
超過人數	4,323（人）
	（4.13%）

圖6-4　105年年金制度改革前公務人員支領退休金支給情形

資料來源：筆者依據公教人員退撫整合平台整理而成。

人數

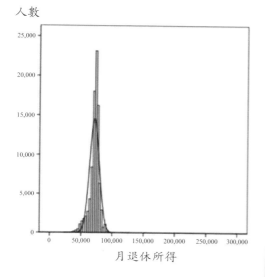

敘述統計摘要	
總人數	91,365（人）
平均數	71,306（元）
中位數	72,509（元）
標準差	7,745（元）
最小值	24,631（元）
最大值	99,388（元）
眾數	72,072（元）
平均數-2*標準差	55,815（元）
低於人數	5,102（人）（5.58%）
平均數+2*標準差	86,797（元）
超過人數	1,342（人）（1.47%）

圖6-5　105年年金制度改革前高中以下教師支領退休金支給情形

資料來源：筆者依據公教人員退撫整合平台整理而成。

人數

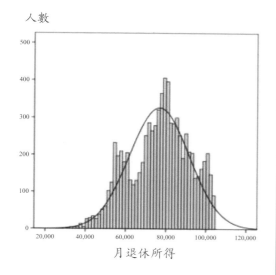

敘述統計摘要	
總人數	7,910（人）
平均數	76,690（元）
中位數	77,990（元）
標準差	14,897（元）
最小值	26,081（元）
最大值	103,496（元）
眾數	103,495（元）
平均數-2*標準差	46,896（元）
低於人數	182（人）（2.30%）
平均數+2*標準差	106,484（元）
超過人數	0（人）（0.00%）

圖6-6　105年年金制度改革前大專院校教師支領退休金支給情形

資料來源：筆者依據公教人員退撫整合平台整理而成。

二、預測性分析：公務人員退撫基金財務健全問題

公務人員年金制度必須改革的主要原因之一，是退撫基金面臨財務困境及所謂破產的問題。預測性分析學依據數理統計、模型構建、資料探勘等技術，根據歷史資料去預測未來。決策者根據預測性分析報告，思考「將來會發生什麼？」公務人員年金制度必須改革的主要原因之一是，退撫基金面臨財務困境及所謂破產的問題，從以描述性數據可獲得問題的現況分析，但未來呢？退撫基金財務負擔的預測性分析，有賴數理模型建構，銓敘部必須委由精算公司做預測性數據分析，思考退撫基金財務的未來會發生什麼？

(一) 退撫基金收支失衡持續擴大

根據退撫基金第六次精算結果，軍人退撫基金即將在109年用盡，教育人員和公務人員則發生在119年和120年，如果不立即進行改革，當軍公教人員退撫基金用盡時，必須完全改由政府編列預算支應，並將給付責任轉嫁由全體國民和年輕世代承擔，危及國家長遠生存發展。

(二) 公務預算編列之退撫舊制支出持續累增

退撫新制實施後，舊制年資並沒有完全結束，在新舊制度交替過渡期間，政府仍然持續編列預算給付舊制退撫給與，同時也還要負擔退撫新制65%的公提費用，政府財務面臨雙重給付壓力。根據委託精算結果，在現行制度不變情形下，退撫舊制給付支出，仍持續累增，一直到115年達到高峰期後，才會反轉下降（如圖6-7）。

三、規範性分析：公務人員個人退休所得退撫基金財務健全之間的平衡性問題

筆者在〈公務人員年金改革的價值、理念與制度〉一文中曾論及：

　根據歐盟2015年的專題研究（European Semester Thematic Fiche）也特別表示，歐洲國家的年金制度現正面臨「維持財務永續

性」與「提供退休人員適足退休所得」之雙重挑戰；同時並強調年
金與退休政策最主要之目標，係確保「退休所得適足性及財務永續
性」這個政策目標除具有崇高的哲學思維與社會安全理念外；更有其
工具性價值，那就是個人退休所得要降低多少數額才合理，絕非市場
般討價還價的政治議價結果，兼顧退撫基金財務一個世代（二十五年
至三十年）永續以及調降退休所得到個人所進而透過財務精算，試算
出降低退休公務人員所得替代率後所撙節的經費，挹注回退撫基金
後，可以維持一個世代退撫基金財務永續性。

　　年金制度改革的政策理念（目的）是要靠數據分析予以事實之支撐。就
數據分析學而言，規範性數據分析就是在預測性或描述性分析創造出來的多種
方法中，利用複雜的數學模型確定解決問題的最佳方案，供年金改革政策決策
者決定決策時參考依據。究實而論，年金改革過程中，在兼顧「公務人員個人
退休所得退撫基金財務健全」的價值前提下，透過資訊科技與數據分析學的結
合，在Simon有限理性決策思維下，僅能研擬（一）銓敘部原提方案（三十五
年75%至60%），及（二）考試院審查通過方案（三十五年80%至70%）等二
個備選方案，供決策者們制訂出滿意的決策。設算的項目有（一）最後在職五

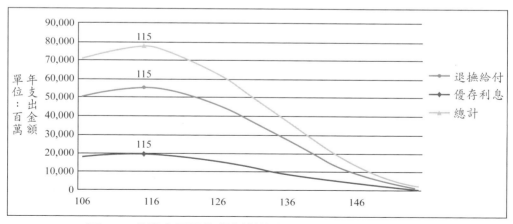

圖6-7　公務人員退撫舊制推估未來現金流量（改革前）

資料來源：銓敘部。

至十年均薪；（二）調降退休所得上下限3萬2,160元；（三）調整優存制度；（四）取消年資補償；（五）調整月撫慰；（六）延後月退起支年齡十年過渡；（七）調整提撥費率至18%。

（一）銓敘部原提方案（三十五年75%至60%）

銓敘部原擬方案經精算公司依據前述設算項目，精算的規範性分析是，1.提撥率為18%時，公務人員個人退休所得替代率以退休年資三十五年計，所得替代率75%至60%，退撫基金財務健全可延至139年方用罄。2.提撥率為15%時，公務人員個人退休所得替代率以退休年資三十五年計，所得替代率75%至60%，退撫基金財務健全可延至134年方用罄。簡言之，此方案對於退撫基金財務永續性考量「高於」退休公務人員退休所得適足率。

表6-3　銓敘部原提方案（三十五年75%至60%）：提撥率18%

		現行制度	調整方案	財務效益	全部提注	二分之一提注
1. 政府財務分析	舊制年資退撫經費AL（億元）	17,893	10,547	(7,346)	-	(3,673)
	退撫基金提撥成本（億元）	4,017	5,831	1,813	1,813	1,813
2. 退撫基金財務分析（退撫新制）	退撫基金提撥收入（億元）	6,180	8,970	2,790	2,790	2,790
	精算應計負債AL（億元）	13,895	12,825	(1,071)	(1,071)	(1,071)
	未提存應計負債UAL（億元）	10,424	9,353	(1,071)	(1,071)	(1,071)
	基金遞減（收支不足）年度	108年	108年	不變	123年	114年
	累積餘額虧損（用罄）年度	120年	125年	延後五年	139年	130年
	最適提撥率（攤提UAL）	39.6%	32.9%	-6.6%		
	最適提撥率（不攤提UAL）	19.3%	15.0%	-4.3%		

說明：1.最後在職五至十五年均薪；2.調降退休所得上下限32,160元；3.調整優存制度；4.取消年資補償；5.調整月撫慰；6.延後月退起支年齡；7.調整提撥費率至18%。

資料來源：105年銓敘部委託之精算報告。

表6-4　銓敘部原提方案（三十五年75%至60%）：提撥率15%

		現行制度	調整方案	財務效益	全部挹注	二分之一挹注
1. 政府財務分析	舊制年資退撫經費AL（億元）	17,893	10,547	(7,346)	-	(3,673)
	退撫基金提撥成本（億元）	4,017	4,976	959	959	959
2. 退撫基金財務分析（退撫新制）	退撫基金提撥收入（億元）	6,180	7,655	1,475	1,475	1,475
	精算應計負債AL（億元）	13,895	12,825	(1,071)	(1,071)	(1,071)
	未提存應計負債UAL（億元）	10,424	9,353	(1,071)	(1,071)	(1,071)
	基金遞減（收支不足）年度	108年	108年	不變	120年	111年
	累積餘額虧損（用罄）年度	120年	123年	延後三年	134年	127年
	最適提撥率（攤提UAL）	39.6%	32.9%	-6.6%		
	最適提撥率（不攤提UAL）	19.3%	15.0%	-4.3%		

說明：1.最後在職五至十五年均薪；2.調降退休所得上下限32,160元；3.調整優存制度；
　　　4.取消年資補償；5.調整月撫慰；6.延後月退起支年齡；7.調整提撥費率至15%。
資料來源：105年銓敘部委託之精算報告。

（二）考試院審查通過方案（三十五年80%至70%）

　　考試院所擬方案經精算公司依據前述設算項目，所精算出的規範性分析是，1.提撥率為18%時，公務人員個人退休所得替代率以退休年資三十五年計，所得替代率80%至70%，退撫基金財務健全可延至133年方用罄。2.提撥率為15%時，公務人員個人退休所得替代率以退休年資三十五年計，所得替代率80%至70%，退撫基金財務健全可延至129年方用罄。簡言之，此方案對於退休公務人員退休所得適足率「高於」退撫基金財務永續性考量。

表6-5　考試院審查通過方案（三十五年80%至70%）：提撥率18%

		現行制度	調整方案	財務效益	全部挹注	二分之一挹注
1. 政府財務分析	舊制年資退撫經費AL（億元）	17,893	13,690	(4,203)	-	(2,102)
	退撫基金提撥成本（億元）	4,017	5,831	1,813	1,813	1,813
2. 退撫基金財務分析（退撫新制）	退撫基金提撥收入（億元）	6,180	8,970	2,790	2,790	2,790
	精算應計負債AL（億元）	13,895	13,216	(679)	(679)	(679)
	未提存應計負債UAL（億元）	10,424	9,744	(679)	(679)	(679)
	基金遞減（收支不足）年度	108年	108年	不變	120年	109／113年
	累積餘額虧損（用罄）年度	120年	124年	延後四年	133年	128年
	最適提撥率（攤提UAL）	39.6%	35.7%	-3.9%		
	最適提撥率（不攤提UAL）	19.3%	17.0%	-2.4%		

說明：1.最後在職五至十年均薪；2.調降退休所得上下限32,160元；3.調整優存制度；4.取消年資補償；5.調整月撫慰；6.延後月退起支年齡十年過渡；7.調整提撥費率至18%。

資料來源：105年銓敘部委託之精算報告。

表6-6　考試院審查通過方案（三十五年80%至70%）：提撥率15%

		現行制度	調整方案	財務效益	全部挹注	二分之一挹注
1. 政府財務分析	舊制年資退撫經費AL（億元）	17,893	13,690	(4,203)	-	(2,102)
	退撫基金提撥成本（億元）	4,017	4,976	959	959	959
2. 退撫基金財務分析（退撫新制）	退撫基金提撥收入（億元）	6,180	7,655	1,475	1,475	1,475
	精算應計負債AL（億元）	13,895	13,216	(679)	(679)	(679)
	未提存應計負債UAL（億元）	10,424	9,744	(679)	(679)	(679)
	基金遞減（收支不足）年度	108年	108年	不變	114年	109年
	累積餘額虧損（用罄）年度	120年	122年	延後二年	129年	125年
	最適提撥率（攤提UAL）	39.6%	35.7%	-3.9%		
	最適提撥率（不攤提UAL）	19.3%	17.0%	-2.4%		

說明：1.最後在職五至十年均薪；2.調降退休所得上下限32,160元；3.調整優存制度；4.取消年資補償；5.調整月撫慰；6.延後月退起支年齡十年過渡；7.調整提撥費率至15%。

資料來源：105年銓敘部委託之精算報告。

肆、結語

　　Simon在1947年《行政行為》第一版序言指出，「本書是我個人在從事公共管理研究工作的過程中，嘗試構造有效研究工具的探索結果。因為我堅信，我們在這個研究領域還沒有找到足夠的語言和概念工具。」當然Simon從公共行政管理學研究撰寫的《行政行為》這本鉅著的學術地位，業經諾貝爾經濟學獎，奠定其歷史屹立之地位。筆著卻另有體會，Simon從冷門的公共行政學出發，卻戮力突破經典、傳統組織裡的金科玉律，勇於提出「決策」的創新，縱使未獲青睞，堅定不移。這種求真求實的精神，不論從事任何行業，終究能脫穎而出。印證一句流行的話語：「沒有夕陽工業，只有不創新；沒有冷門行業，只有不爭氣。」Simon這種學術堅持，可以從Simon自傳中三段自述獲得印證：

　　（第一段不計冷門）我的學術研究生涯一開始是從冷門學科起步：公共行政管理學。無論這個學科當時和現在對於公共事務何其重要，當時很少有學者願意真正去理解這個學科的研究內容，或如何為其應用領域構建理論基礎。從科學的規範看，很多業已出版的公共行政管理（和普通管理學）書籍讓人讀來尷尬重重。不管原因如何，主流社會科學家幾乎對公共行政管理的研究瞧不上眼。即使研究者對行政管理以外的領域做出了貢獻，人們也不會為之動，繼續熟視無睹。

　　（第二段突破窠臼）當時，公共行政管理領域（一般的公共和私人管理方面）幾乎只是一個不成文的規定，即當今人們所謂的「經典組織理論」。你可以在倫納德・懷特（萊昂納德・懷特）的《公共行政管理研究入門》（公共行政學概論，懷特，1926）一書中讀到這個理論的核心觀點。我如何能在25歲缺乏行政管理經驗的情況下寫出《行政管理行為》呢？這本書可是挑戰了當時大部分人認可的行政理論，並為分析和描述組織現象提供了新的決策的理論框架。結

果證明，這本書成功顛覆了傳統的觀點。

　　（第三段堅定不移）人們對這本書的好感，但讓我失望的是，沒有哪一位評論家認定這部著作有革命意義，只有我堅信它的意義。

　　韓愈主張「文以載道」，洵不誣也。筆者仔細地研讀《行政行為》一書，原意在借Simon的決策理論，詮釋公務人員年金制度改革之決策過程，卻意外地領悟了Simon大師之道在於「不計冷門」、「突破窠臼」及「堅定不移」等三美德。年金改革決策之評價，蓋棺難定；然改革過程中不也同樣有賴「不計冷門」、「突破窠臼」及「堅定不移」嗎？

參考書目

丁曉松、宋冰玉譯，2016，《大數據掘金：挖掘商業世界中的數據價值》，中國人民大學出版社。譯自Dursun Delen. *Real-world Data Mining: Applied Business Analytics and Decision Making*. John Wiley & Sons, Inc., 2015.

毛治國、鄭琇君，2009，〈管理決策概念架構之回顧與建議〉，《管理與系統》，16 (2)：131-155。

王元歌、章愛民譯，2007，《決策是如何產生的》，機械工業出版社。譯自James G. March. *A Primer on Decision Making How Decisions Happen*. Simon & Schuster, Inc., 1994.

王忠玉、王天元、王偉譯，2014，《商業數據分析：原理、方法與應用》，機械工業出版社。譯自Marc J. Schniederjans, Dara G. Schniederjans and Christopher M. Starkey. *Business Analytics: Principles, Concepts, and Applications :What, Why, and How*. Pearson Education, Inc., 2013.

李文釗譯，2006，〈赫伯·H·西蒙：行政行為〉，毛壽龍（主編），《西方公共行政學名著提要》，江西人民出版社。

李柱流等譯，1982，《管理決策新科學》，中國社會科學出版社。譯自H. A. Simon. *The New Science of Management Decision*. Harper & Brothers Publishers, 1960.

林文燦，2018，〈公務人員年金改革的價值、理念與制度〉，《人事行政》，202：47-62。

林文燦，2019，〈公務人員年金制度改革決策基礎之探討(1)──資訊科技運用實例分析〉，《人事行政》，206：31-43。

姚曉寧譯，2017，《決策與問題解決》，中信出版社。譯自John Adair. *Decision Making and Problem Solving.* John Adair, 2007, 2013, 2016.

胡小銳、朱勝超譯，2015，《大數據主義》，中信出版社。譯自Steve Lohr. *Data-Ism.* HarperCollins Publishing and Blackstone Audio, 2015.

涂子沛，2015，《大數據：正在到來的數據革命，以及它如何改變政府、商業與我們的生活》，廣西師範大學出版社。

陳亦苓譯，2014，《統計學，最強的商業武器》，悅知文化。譯自西内啓。統計学が最強の学問である。ダイヤモンド社。2013。

陳麗芳譯，2018，《科學迷宮里的頑童與大師：赫伯特‧西蒙自傳》，中譯出版社。譯自Simon, Herbert A. *Models of My Life: The Remarkable Autobiography of the Nobel Prize Winning Social Scientist and Father of Artificial Intelligence.* MIT Press, 1996.

彭懷恩譯，1982，《決策論奇才：賽蒙》，允晨文化。

華力進，1976，〈行政學：行政行為〉，張金鑑（主編），《雲五社會科學大辭典第七冊：行政學》，台灣商務印書館。

詹正茂譯，2019，《管理行為》，機械工業出版社。譯自Simon, H. A. *Administrative Behavior: A Study of Decision-making Processes in Administrative Organizations.* Herbert A. Simon, 1997.

錢峰譯，2016，《大數據：從概念到營運》，中信出版社。譯自Bill Schmarzo. *Big Data: Understanding How Data Powers Big Business.* John Wiley & Sons, Inc., 2013.

譚功榮，2012，《西方公共行政學思想與流派》，北京大學出版社。

第7章

有關公務人員年金改革「適當調整措施」機制建構之詮釋——系統思維的觀點[*]

壹、前言

在公共政策制定中，我們經常聽到「系統」（system）一詞。舉凡經濟系統、教育系統、金融系統、政治系統及社會系統等，但是，我們很少聽到將「取向」（approach）與系統連在一起；除非我們採用系統思考（systems thinking），否則我們將無法理解我們生活的世界。我們的世界是由複雜的系統組成的，這些系統相互作用，並相互改變它們之間的聯繫（Hynes and Müller, 2020）。這是系統思考作為一種研究取向，最直白的敘述，我們生活在複雜的塵世之中，要系統思考；公務人員處於複雜的公共政策環境，更需系統思考。

司法院釋字第782號有關定期檢討採行適當調整措施部分之解釋文，涉及退撫法第92條規定，按解釋文之意旨：「相關機關至遲應於按退撫法第92條為第一次定期檢討時，依本解釋意旨，就同法附表三中提前達成現階段改革效益之範圍內，在不改變該附表所設各年度退休所得替代率架構之前提下，採行適當調整措施，俾使調降手段與現階段改革效益目的達成間之關聯性更為緊密。則所謂『適當調整措施』，如評估改革效益與改革目的並做整體考量，減少特定月份退休所得之調降金額。」此一「適當調整措施」之意涵何解？如何將之轉化為具體的政策工具呢？筆者認為無法求諸法制途徑，獲得梗概，然卻可借用系統思維理論內相關內涵之闡述，融合年改的價值、理念及制度設計，勾勒出具體的意涵及轉化成具體可行的政策工具，俾能更周延地落實「兼顧退撫基金財務的永續性及個人退休所得的適足性」之年改理念（林文燦，2018a）。此為本文研究的目標之一。

---

[*] 原刊登於《人事行政》第211期，2020年4月，頁76-81；第212期，2020年7月，頁55-69。

　　Peter F. Drucker曾說，知識必須不斷改進，否則就會消失。筆者已撰寫一系列探討公務人員年金制度改革政策的論述，一直都有個特別存心，如龔自珍所言「但開風氣」，那就是想要跳脫法制途徑的傳統探討方式（林文燦，2015，2017，2018b，2019a，2019b），另開文官制度研究的新章。本文為跳脫法制途徑的接續之作，希透過「系統思維」相關理論，透析年改問題的成因及可能的解決方案。系統思維理論的重要內涵除了系統組成要素、要素間關係及其對系統目的之影響外，尚有與本文研究有關的二個關鍵概念：一為「政策阻力」概念，此概念有助於更能透析自民國95年以降，歷次年改因循不前，成效不彰，沉痾何在？更有進者，筆者期透過對年改成效不彰成因的究實，提出化解年改政策阻力的千金藥方；另一為「系統行為的動態性」概念的運用，期待能瞭解公務人員退撫基金的財務運作及管理運用情形；期待透過系統思維中、系統動力學的流量（含流入及流出）及存量的關係，及增強迴路及調節迴路等運作機制，探討退撫基金流量（流入、流出）及存量等運用及管理相關議題。

　　系統思維將人類社會看成一個系統，人們為維持系統的穩定運作，於是探究維持系統均衡之各種必要的流入、流出，維持系統運作的存量、流量等重要概念。此等系統思維概念，我們可用以研究退撫基金財務管理與操作；用來分析年金改革所謂開源、節流等流量管理，維持退撫基金運作之規模（存量或俗稱水位）的動態平衡及調節機制對系統穩定的作用。此為本文的另一個目的。

貳、系統思維探析

　　西風東漸，西方理性主義浸入我國學術界及實務界。學校訓練學生要有獨立思考能力，即係使之以理性的思維觀察周遭的事物，其一是探究事件與事件之間的相關性或因果關係，成為解決問題的常軌，一旦找到問題原因，就能解決問題，它有另一個眾所熟悉的名稱，那就是線性思維，也已成為多數人的慣性思維；另一是訓練學生慣於將某一事件拆解，不斷地拆解到最小的單元為止，再針對每一個小的單元做精確的處理。這種處理事件的思維方式，俯

拾皆是。例如，泰勒科學管理的工時研究；分類職位人事制度的職務分析，將人事制度不斷拆解到最小單位──職位（職務），再針每一個職務做詳細的職務分析後，撰寫而成「職務說明書」，作為人力資源管理中人員甄選、任用、陞遷、訓練、考績、待遇及退休等人力資源管理活動的基礎。這種「化簡思維」為近代歐美社會科學研究及解決社會問題的主流思想，也成為多數人的慣性思維，對人類解決問題固然貢獻卓著，備受歌頌；但也不免產生了「以管窺天」、「洞穴人思維」、「頭痛醫頭，腳痛醫腳」、「解決一個問題，卻製造另一個更大的問題」等批評。於是，另一種以整體視野觀察社會問題，用以面對益為複雜社會問題的系統思維方式，趁時而起。

一、系統思維的意涵及組成要素

（一）系統思維定義及其作用

　　什麼是系統？所謂系統，係指「任何一組相互作用、相互關聯或相互依賴的部分，所形成具有特定目的之複雜且統一的整體」（Kim, 1999）。Meadows（2008）指出一個系統必須包含三個核心要件，分別是：1.要素（或組成部分）；2.互聯（或交互作用）；以及3.一種功能或一個目標（或目的）。Peter Senge在《第五項修煉・實踐篇（下）》一書中提及，系統是一個能夠被感覺到的整體。系統構成要素彼此聯繫，長期不斷地互相影響，為了一個共同目標而運作。系統思維代表一種更有效的思維和行動方式，把系統原則融入行為之中；加拿大施樂公司前任主席兼總經理David McCamus所稱的「周邊視覺」（peripheral vision），關注世界的能力似乎是通過廣角鏡而非望遠鏡形成的。因為系統動態結構解釋了目前系統中的相互依賴關係，所以對任何問題永遠不會只有一個標準答案（張興等譯，2011：181-199）。

　　什麼是系統思維呢？Steven Schuster說（李江豔譯，2019）：

　　　　系統思維的核心就是用我們以前從未用過的方式去看待問題。這是一種對事物皆有聯繫的認識，我們應該將事物視為一個整體而不僅僅是一組各自獨立的部分。系統思維意味著首先從大局入手，然後

深入發掘，從其組成部分彼此之間關係的角度來審視它們。它是一種框架，能說明你形成思維上的習慣。這些習慣能夠讓你感受到力量，讓你知道自己有能力去處理即便是最複雜的問題，並做出積極的改變。

綜上所述，系統思維是我們將一個社會事件或一個社會問題，視為一個系統，一組相互關聯的事物，並隨著時間的推移，因而展示出穩定的系統行為模式，朝著共同目標邁進。

（二）系統思維的應用

學者專家為有效地處理所遭遇的問題時，提出各種思維方式。有線性思維、事件思維、水平思考、批判性思維及系統思維等。各種思維方式，各有擅場，不存在「最佳思維」，要之只有更「合適思維」，能夠對症下藥的思維就是「好思維」。有一個台灣農村社會的行走行業——「賣貨郎」，身扛應有盡有的雜項日常用品之行囊，行商於農村，若每能供應不同居民，不同「合適」品項，他就是「好的賣貨郎」。另外有一個例子，棒球是個講究團隊合作的運動項目，每個守備位置都其守備美技和因之孕育的守備思維。有一種選手兼具各守備位置的技術，名為「工具人」。總教練要求該工具人守游擊手的位置時，該選手就必須展現出游擊手的守備思維和守備動作；但當總教練要求上場守一壘的位置，該選手就必須展現出一壘手的守備思維和守備動作。能夠應總教練贏球調度，展現合適位置的守備技術，就是「好的工具人」。思維方式是人類的世界觀，用以觀察其認知世界的方法，沒有對錯之分，沒有優劣之別，只有合適性。

就一個高階文官而言，如何以合適的思維方式面對問題，在解決問題後不生任何後遺症，除是一個可貴而重要的能力，更是長期職涯歷練的思維結晶。銓敘部84年及85年推動二階段修正職務列等政策，透過職務列等表修正，將科員職務列等由「原委任第五職等、薦任第六職等至第七職等二組列等，整併為委任第五職等或薦任第六職等至第七職等」。依據銓敘部82年11月19日「人事制度研究改進委員會委員會議紀錄」所記錄之修正理由為：「高考或乙等特考

及格取得薦任任用資格，機關於委任第五職等任之後，歷經數年未獲陞遷機會之現象普遍存在，甚至以委任第五職等退休者大有人在，嚴重影響工作士氣，以致造成人員流動性大，留不住優秀人才，故其服務品質常為人所詬病，影響政府形象甚鉅。」

揆諸當時修法思維方式——「只要提高職等（因），即可解決陞遷不易的問題（果）」，這是典型的線性思考。科員職務列等原單列委任第五職等（原因A），造成高考或乙等特考及格取得薦任任用資格者陞遷不易（結果B），A導致B的因果關係，那麼A獲致解決，B自然迎刃而解，這就是線性思維的解決思維。但如果將公部門人事制度當成「系統」，那麼，它的組成要素包含：考試、任用、陞遷、訓練、考績、待遇、退休等。這些要素之間會相互影響，一旦改變影響這些人事措施（要素）法制規章，會對人事制度初始目的產生重大改變。

將科員職務列等提升為委任第五職等或薦任第六職等至第七職等，意在暢通陞遷管道，但意外地使得公務人員職務結構產生質變，成為加重公務人員退撫基金財務匱乏的原因之一，究其原因或恐當時握有決策者們欠缺系統思維所致。在84年及85年二階段修正職務列等時，將科員職務列等由原委任第五職等、薦任第六職等至第七職等二組列等，整併為委任第五職等或薦任第六職等至第七職等，以致具有薦任資格之委任科員大量改列薦任官等。雖然法制上，從84年以及85年二階段修正職務列等表，但實務上，實際員額甄補尚須假以時日，爰遲至91年起職務結構方轉而呈現出橢圓形，薦任員額數占總員額數比率為48.86%，以些微的差距超過委任員額數占總員額數比率為47.36%，到了105年薦任員額數占總員額數比率為61.09%，遠超過委任員額數占總員額數比率為35.07%。職務結構益發呈現橢圓形或者更像橄欖球形狀。殊不知，此一解決公務人員陞遷問題，卻造成今日退撫基金財務無法永續健全的主因之一。因為確定給付年金制度之財務運作邏輯，是建立在金字塔的組織結構之上，靠著相對數量龐大的委任層級公務人員長期繳付退休經費；憑藉著「繳費者眾，退休用之者寡」的財務邏輯，彌補財務收支不對稱缺口，然而一旦職務結構由金字塔轉變為橢圓形後，無法彌補收支缺口，入不敷出，退休金財務負擔乃日趨嚴重。

　　要言之，以線性思維面對複雜的公共事務時，所提之解決方案，或可立馬解決眼下問題，但往往衍生難以察覺的副作用，日轉星移，對其它事件製造更嚴重的問題。前述為了解決高考及格以委任第五職等科員任用，無法占缺陞任薦任第六職等科員的問題，以線性思維提出政策方案，忽視任用制度與退休制度等二要素間的關聯；著眼於抒解任用、陞遷問題的解決方案，卻嚴重地影響公務人員退撫基金財務的永續性。若決策當時，決策者能有系統思維整體性思考人事政策，或許會有不同光景，也未可知。

二、系統的結構與行為

　　系統由三個部分構成：要素、要素間關聯及組成系統所要達成之目的（即要素就是該系統的參與者；參與者互動時所遵守的規則或互動模式；目標就是參與者依照其互動規則後，所期待的理想狀態）。系統思維是把社會事件或公共問題看成是一個系統，從系統所構成的各種重要之要素、各要素間的相互聯繫、相互作用，及其對系統目標的影響，綜合地考察的一種思維方法。系統並不僅僅是一些事物的簡單集合，而是由一組相互關聯的要素構成的，為實現某個目標而存在。

　　從這個定義可見，系統包括三個構成要件：要素、要素間關聯、所追求的目標或產生的功能。舉例來說，提供公共服務的公務機關的運作情形，就是一個公共服務「系統」，它的組成要素，就是所謂要素參與者。依據銓敘部所公布的「銓敘統計」行政機關有28萬人，按機關性質別區分，行政機關為25萬1,756人，占70.02%；公營事業機構為6萬169人，占16.74%；衛生醫療機構為1萬9,743人，占5.49%；各級公立學校（職員）為2萬7,871人，占7.75%。就人員屬性而言，它的參與者包含民選首長、政務人員、簡任（派）、薦任（派）、委任（派）、雇員。這些參與者互動時所遵循的規則或互動模式，就是考選部、銓敘部、人事行政總處所頒布的各種人事法規，舉其犖犖大端者如：公務員服務法、公務人員任用法、公務人員陞遷法、公務人員考績法、公務人員行政中立法、公務人員俸給法、全國軍公教員工待遇支給要點，公務人員退休資遣撫卹法等。系統也會透過資訊的流動，增強要素間彼此的關聯，如透過訊息的溝通與共享，培養彼此的信任，這樣一來，公共服務系統便能上軌

道而運作裕如。

系統是一組相互關聯的要素，朝著一個共同的目標達成或功能運行。當系統的一個部分發生改變時，系統其他組成部分也會受到影響。系統的每個組成部分都是不可或缺的。要素、關聯和目的或功能彼此之間相互影響。系統的目的或功能往往是最不容易被注意到的，但是它卻是左右系統運作的關鍵。關聯是系統內部的關係，當它們發生改變時，系統的運作通常也會隨著改變。一般來說要素在系統中最顯而易見，但是它不太可能給系統帶來顯著變化，如公共服務系統員工的新陳代謝，縱使突然大量離退，並不會影響系統存續，例如，筆者過去服務於交通部的經驗，臺灣鐵路管理局一直深為新進人員高離職率所苦，當時的統計資料顯示，臺鐵因為適用交通資位制與一般行政機關簡薦委制度，有銓敘及轉任問題等原因，其新進人員離職率高達28%，但鐵路局仍然是鐵路局，屹立不搖。但是若改變系統目的，則會對系統會產生劇烈的改變。一個成功的系統應該能夠實現個體目標，和維持系統整體目標的一致性（邱昭良譯，2017）。

若以系統思維理論析之，公共服務系統中最容易識別的是要素參與者，如民選首長、政務人員、常任文官，以及具臨時人員屬性的約聘人員、約用人員等。值得注意的是，要素也不以具體可見的物理要素為限，它也包含公務人員的心理要素，如廉正、忠誠、專業、效能、關懷等核心價值。其次，以系統思考的理論析之，關聯居系統組成中非常重要地位，除了前述隱性的行政規章外，隱性而重要的是各個組成要素間訊息的流動，如常任文官與政務官間信任感，常任文官的敬業精神等，這些對於決定公共服務系統效能與績效至關緊要。

系統的目的往往只能意會，無法明言，但卻可以透過系統實際運作所產生的系統行為觀察得之。要想推斷出系統目的，最好的方法就是要仔細地觀察有哪些系統行為（邱昭良譯，2017）。例如，從這一次全世界所面臨的新冠肺炎疫情，我國以衛生福利部為主的公共服務系統所展出防疫作為，就可以看得出來我們的公共服務系統確實是落實於創造人民最大幸福的系統目標。要之，與其輕信「為民服務」的競選語言，倒不如觀察其執政時的公共服務作為或公共服務模式。

系統是由要素、要素間關聯及系統目的等三個部分所組成的，其中要素的

變化對系統影響最小。在公共服務系統中，有政務人員、常任公務人員等要素參與者。常任文官有簡任官、薦任官及委任官之別。這些要素參與者的人事新陳代謝，不會影響系統的存在。儘管系統參與者如孫運璿、李國鼎等才俊之士凋零，但江山代有才人出，這個公共服務系統依然運作。

　　比較起來，就維持公共服務系統的運作自如而言，要素間的關聯或互動模式要比要素重要多矣！公務員服務法28年公布施行以來，向為公務人員行為規範，基於傳統文化及產業革命後勞工以提供勞力賺取工資之特質，公務員服務法對於公務人員兼職、兼業及經營商業向採限制之規範，但當社會邁入Drucker所謂的知識經濟時代，以提供勞力為主的「勞力工作者」已轉變為提供腦力為主的「知識工作者」，尤以公務人員多屬Drucker所謂的知識工作者。對於公務人員兼職（業）當予以適度的檢討。換言之，公務人員與政府機關間的關聯一旦改變，公共服務系統不再是「資源的消耗者」，而可以轉型「資產的創造者」，公共服務系統提供社會創生的功能（目的）。

　　舉例而言，原公務員服務法第13條第1項、第14條第1項及第14條之3規定，公務員不得經營商業；除法令所規定外，不得兼任他項公職或業務，其依法令兼職者，不得兼薪及兼領公費；兼任教學或研究工作，應經權責機關許可。因而銓敘部過去就公務員得利用下班時間設計App之解釋，規定僅得授權他人收取報酬，不得販售。因審酌大數據時代對工作型態衝擊，以及年金改革對公務人員所得及工作本質的影響，乃尋思須對公務員服務法中規定公務人員的經濟行為規範，重新思考。當銓敘部同意公務員運用智慧財產及從事新型態網路行為，公務人員於公餘之暇，作為創作者將原創、自行設計App，經Apple Store或Google Play審核機制通過後，付費給該平台並透過其販售。另外公務人員作為創作者將原創、自製之一定數量之貼圖，經由LINE審核機制通過後，透過LINE貼圖商店平台販售。公務員以個人名義運用其智慧財產權所獲取之正常利潤，包括透過銷售通路（非主動嵌入廣告）而獲取之廣告利潤，已經合法。以系統思維而論，此一公務員服務法中關於公務人員經濟行為規範的變革，將使公共服務系統產生質的變化，筆者認為是文官制度朝興利大道邁進一大步。

參、歷年年改政策政策阻力之成因及其解決方案

一、政策阻力概念探析

　　Steven Schuster認為，系統最大的問題之一是各個子系統之目的組合一起後，產生所有子系統都不樂見的系統行為。當系統無法順利運作時，系統會產生反饋迴路，調節系統行為，使系統回復正常運作。但也會有徒勞無功之情形，儘管我們挖空心思創新解決方案或政策，試圖「匡正」系統的行為模式，卻始終無力回天，這就是所謂「政策阻力」。每一個系統中都是由許多子系統或個別參與者組成，他們各自展現其系統行為模式，完成自己的系統目標。當各子系統之目的與系統整體目的不協作時，就會出現政策阻力。各子系統目的不一致，往往會相互競爭，被拉向多個方向。當系統出現政策阻力時，每個子系統都向不同的方向努力，使系統不要離它們各自之目的太遠。克服政策阻力最成功的辦法，是找到一個方式來統一所有子系統之目的（李江豔譯，2019）。

二、歷年年改政策之政策阻力成因分析

　　系統是由許多相互關聯的子系統組成，每一個子系統各有其被責付之系統目的，一旦各個子系統之目的相左，系統相互掣肘，就會形成政策阻力的現象，影響系統整體目的之達成及系統正常運作。筆者認為化解政策阻力之道，在於如何於異中求同，形成各子系統「可接受」之共同目的。舉例而言，我們將公務員退撫改革看成一個系統，該系統的構成要素包含被改革者的公務人員（此要素參與者，以下簡稱A）；另一個構成要素是主管公務人員退撫法制之主管機關銓敘部（此要素參與者，以下簡稱B）；此外，另一個要素參與者係涉及主管國家財政收支的財政部、行政院主計總處（此要素參與者，以下簡稱C）。由於這三個組成要素參與者各有其捍衛之目的，因而形成政策阻力的現象，有礙系統整體目的之達成。我國公務人員退休制度於32年實施迄105年為止，皆知病在經費籌措、基金財務安全，雖歷經多次重大變革倡議，但各構成

要素堅持其目的，因而形成「政策阻力」。

是以，筆者認為要化解政策阻力之前，必須先瞭解各要素參與者所堅持的目的是什麼？茲依據歷次公務人員退撫改革法案草案送立法院審議的法案總說明做內容分析，梳理出歷次改革各利害關係人（構成要素參與者）所採取政策手段，致形成目的相左，進而造成「政策阻力」的癥結所在，列表摘陳如表7-1。

從歷史文獻來看，考試院（銓敘部）為使公務人員退撫制度從「恩給制」轉換為「共同儲金制」，由銓敘部委託國立政治大學林喆博士進行精算，於68年3月提出精算結論與建議：

　　公教人員退撫新制之正常成本應按13.55%提撥；軍職人員則需18.97%，但考量退撫新制之實施，不論政府或軍公教人員雙方於財務上，恐難以負荷，爰建議退撫新制實施採分期階段漸進方式為宜，以減輕政府財政負擔，較易進行，初期費率建議訂於5%至7%間，按每三年或五年各調整1%至2.5%不等，逐次調整到最終費率。

政府決策者往往無法純然從客觀數據而做專業的決定。公務人員退撫基金成立後，僅以8%費率提撥，再加上長期不調整費率，提造成退撫基金長期提撥不足，除無法透過累積資本提高基金存量外，一旦社會經濟情勢變遷，如高齡化人口結構的改變，致退撫基金收支失衡加劇，財務安全日益嚴峻。依據文獻分析，年金制度改革從95年開始，就以解決退撫基金財務負擔為首要目標，其間歷經100年二次修法，102年立法院未完成立法之法案，但這些年改法案並未有效抒解退撫基金財務重擔，何故？以102年未完成立法的年金改革方案為例，該方案也大幅降低退休公務人員退休所得，但只延長退撫基金六年財務不用罄，延長到125年而已，政策效果相當有限。由於102年年改方案未能完成立法施行，依105年7月21日公布之退撫基金第六次精算結果，在提撥率（12%）及給付標準不變的前提下，公務人員退撫基金累積餘額將會在120年用罄。

造成退撫基金財務不健全主因之一，是肇因84年的不足額提撥，再加上多年未能依法提高法定提撥率。從表7-2「適足提撥率」、「法定提撥率」及

表7-1　歷年年金改革政策重要內容一覽表

年度	改革目的	政策手段	預期效益	政策阻力	效益評估
84年	1. 改進經費籌措方式，穩固財源基礎：恩給制改為共同提撥制。 2. 提高退休人員退休所得。	建立退休撫卹基金，由政府與公務人員按月照退休全基俸給（現職人員實領本俸加一倍）之8%至12%繳費，政府撥繳付65%，公務人員繳付35%。	為利制度轉型，退撫基金提撥費率適足應為13.55%，卻自制度改革時起按8%，維持不變。	A要求費率維持8%；C的立場提高費率至12%：B支持A維持8%，形成政策阻力，無法達成退撫基金支平衡之目的。	依據公務人員退休撫卹基金管理委員會89年6月委託完成第一次精算結果，在基金正常營收為益率7%假設水準下，退撫基金收益率受經濟景氣影響15.5%。由於基金收益率上限12%，現行法定收益率已不敷需要。
95年	落實退撫基金收支平衡。	公務人員退撫基金提撥費率上限提高為15%。		A要求費率維持8%；C的立場提高費率至12%：B支持A維持8%，形成政策阻力，無法達成退撫基金支平衡之目的。	依據公務人員退休撫卹基金管理委員會95年12月委託完成第三次精算結果，公務人員退撫基金在折現率4%的假設水準下，正常成本為23.4%，現行費率法無法滿足退撫基金之費率法定上限，為落實退撫基金提撥率的計算訂定之收支退撫基金平衡原則，參考的上開計算訂定調整後結果考量政府與公務人員之負擔，並於修法完成後再由審慎變定實際費率。
100年	落實退撫基金收支平衡原。	公務人員退撫基金提撥費率上限提高為18%。		A要求費率維持8%；C的立場提高費率至12%：B支持A維持8%，形成政策阻力，無法達成退撫基金支平衡之目的。	

表7-1　歷年年金改革政策重要內容一覽表（續）

年度	改革目的	政策手段	預期效益	政策阻力	效益評估
102年（未完成立法）	1. 建構穩健退撫卹制度，並採開源及節流機制，減緩退撫基金支出流量，有效撙救退撫基金財務危機、確保退撫基金財務未來健全。 2. 兼顧退撫權益及退休所得合理、伸符合社會公平與世代正義。 3. 減輕政府財政負擔公務人員退撫基金經費壓力，合理分配國家資源、促進國家均衡發展及全民公益。	1. 繳多：調整退撫基金提撥費率機制，俾採開源及節流時撙縮減退撫基金財務缺口。 2. 領少：調降屬於政策性退撫之優惠存款利率。 3. (1)調降退休金計算基準（漸進過渡至最後在職前十五年之平均俸額為計算基準）；(2)調降退撫新制退休金基數內涵（由本有本俸二倍漸進調降至以本俸一‧六倍或一‧七倍為給付內涵）。 4. 延後退休：延後月退休金起支年齡到60歲至65歲。	1. 未來五十年內預估可為政府減少4,000億元支出。 2. 依據委託精算結果，可減輕退撫基金潛藏債值2,100億元。 3. 可延後退撫基金收支不足用罄年（125）度。	繳多、領少、延後退撫等措施都在舒緩國家財政負擔，及促進退撫基金財務健全、為B及C所支持的目標，惟對A之權益或職涯規劃產生不利影響，因此，在各所堅持目的之前提就會形成政策阻力。	1. 由於102年改的重點是以減緩國家財政支出不平衡為目的，主要的政策手段是要求公務人員繳多、延後領少等，對公務人員的所得不利處分，形成政策阻力、阻力之大，使該法案擱於立法無法推動。 2. 根據退撫基金第六次精算結果，公務人員退撫基金將在120年用罄，若退撫基金繳費未能因應，並將給付責任轉嫁由全體退休國民和年輕世代承擔，危及國家長遠生存發展。 3. 退撫基金快速支出情形，使公務人員退撫基金最早於104年發生當年度收繳費用不夠支應之情形，累積到107年度，卻要給付高達904.63億元，不足支付比率高達137.4%，長久以往，會慢慢吃到所剩餘額，可以運用收益率退撫基金逐步減少，嚴重影響退撫基金財務安全。 4. 退撫基金成立當時，委託精算時，是為了顧及軍公教人員和政府負擔能力，只從8%開始提撥，之後經過幾次調整，到95年才調高到12%，跟歷次委託精算結果應該要提撥的費率相差很大（103年第六次經費精算結果提撥率應為36.98%）使退撫基金難以維持收支平衡。

資料來源：筆者根據歷年「公務人員退休資遣撫卹法」法案總說明整理。

「實際提撥率」的差距，可得知歷次委託精算結果的應提撥費率差很大，使退撫基金收支難以維持平衡，再加上退撫基金收入成長有限，給付支出卻年年累增，嚴重收支失衡，退撫基金快速支出，使教育人員和公務人員退撫基金接著也在103年和104年相繼發生不足情形，累積到107年度整體退撫基金繳費收入658.41億元，卻要給付904.63億元，不足支付比率高達137.4%，收繳收入明顯不敷支出。更嚴重者，退撫基金存量年年下降，可以運用收益孳息的本金也會逐步減少，嚴重影響退撫基金的投資效益及財務安全。

表7-2　軍、公、教人員退撫基金實際提撥費率與最適提撥費率比較表

精算年度 評價日	最適提撥費率		法定提撥率	實際提撥率	適用時間
	公務人員	教育人員			
制度規劃之初	13.55%	13.55%		8%至12%（規劃方案）	
第一次精算（88年6月底）	15.5%	17.9%	8%至12%	8%	84/7/1（公）85/2/1（教）86/1/1（軍）
第二次精算（91年底）	26.4%	28.6%	8%至12%	8.8%	91/1/1
				9.8%	93/1/1
第三次精算（94年底）	31.1%	33.1%	8%至12%	10.8%	94/1/1
第四次精算（97年底）	40.66%	42.32%	12%至15%	12%	95/1/1
第五次精算（100年底）	42.65%	47.77%	12%至15%		
第六次精算（103年底）	36.98%	41.18%	12%至15%		

資料來源：筆者根據歷年精算報告整理。

從歷次年改的文獻發現，公務人員退撫改革的「重中之重」是退撫經費負擔日益沉重。這是A、B及C三方的共識。只不過，從95年以來，年改所採取的繳多（提高提撥率）、領少及延後退等政策手段，都是影響公務人員（A）可

支配所得的不利政策手段，代表公務人員的A，認為代表退撫制度法制主管機關的B，應依據84年以來公務人員退休法及公務人員退休撫卹基金管理條例有關「由政府負最後支付責任」之規定，編列公務預算支應，負起財務責任。但肩負國家整體財政重責的財政主管機關C卻不認同，各吹各調，延宕時日。三個要素參與者A、B、C有共識的是，「公務人員退撫改革的『重中之重』是退撫經費負擔日益沉重」，但對於如何處理退撫基金財務危機所衍生退撫經費籌措方式、管理及營運問題，卻因其個別目的，而相持不下，形成系統思維理論下的政策阻力，貽誤改革時機，導致退撫基金收支失衡持續擴大，財務危機迫在眉睫，依據退撫基金第六次精算結果，教育人員和公務人員退撫基金出現負數則發生在119年和120年，如果不立即進行改革，當軍公教人員退撫基金用盡時，必須完全改由政府編列預算支應。

三、抒解年金改革政策阻力之系統思維

如前所述，一個系統是由許多相互關聯的子系統組成，每一個子系統各有其被責付之系統目的，一旦各個子系統之目的相左，系統就會相互掣肘，就會形成政策阻力的現象，影響系統整體目的之達成。那麼，要化解歷年年改之積弊或所謂的政策阻力，就必須釐清年改之整體目的為何？筆者從前述95年展開到102年退休撫卹法案送立法院審議的總說明詳做內容分析，發現至102年年改為止，年改整體目的具高度一致性，「只」在於解決退撫基金收支入不敷出、破產的財務危機，其年改目的或理念，如同過去各國藉由降低年金給付水準，以減輕年金制度造成的財務壓力，縱使財政永續性有獲得改善之可能，但因忽略退休人員退休所得適足性，可能引起另外的社會問題。古語云：「前事不忘，後事之師也。」107年所推動年改政策目標，有了重大的改變，就是轉變為「兼顧整體退撫基金財務的永續性及個人退休所得的適足性」的政策理念，並將之作為年改的二個衡平的政策目標（林文燦，2018a）。因此，筆者認為調和公務人員退撫基金組成子系統的目的，化解政策阻力的政策手段有二：（一）將降低退休所得所撙節的退撫經費「全數」挹注入退撫基金；（二）提高基金收益率，詳如圖7-1。

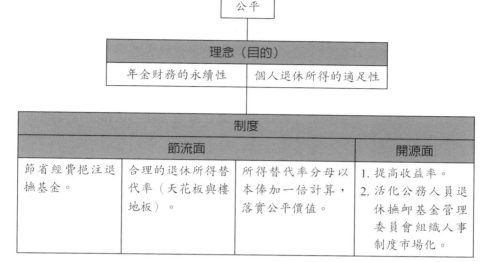

圖7-1　公務人員年金制度改革價值、理念與開源、節流制度架構

資料來源：筆者自繪。

　　將降低退休所得的退撫經費，「全數」挹注回退撫基金，以增加退撫基金的存量，當成一個可能的「化解政策阻力機制」，因為它建立在要素參與者A、B、C可「共同接受」的基礎上。就A而言，降低公務人員退休所得既係國家政策，難有轉圜。退而思之，將個別公務人員退休所得減低數額，彙整為年金改革節省經費，全數挹注回退撫基金，彌補退休人員過去不足額提撥累積下來的財務缺口，營造「自己的退休金自己救」的意象，退撫基金存量得以年年提高，可以運用收益孳息的本金也會逐步提高，促進退撫基金財務永續。

　　就C（財政部及行政院主計總處）而言，若不推動年改，這筆退撫經費為法定預算，依法必須年年編列；若同意挹注到退撫基金，至少在一定年限不必考慮於84年公務人員退休法及公務人員退休撫卹基金管理條例所明定「由政府負最後支付責任」。就B（銓敘部）而言，「年改所撙節的退撫經費悉數挹注回退撫基金」，雖無要求C行編列預算撥補退撫基金之名，卻有踐行於84年公務人員退休法及公務人員退休撫卹基金管理條例所明定「由政府負最後支付責

任」之實。最重要的是，這項有關「年改所撙節的退撫經費悉數挹注回退撫基金」的倡議，經年改決策者拍版定案，明文在退撫法第40條：「退休公務人員退休所得依第三十六條至第三十八條規定扣減後，各級政府每年所節省之退撫經費支出，應全數挹注退撫基金，不得挪作他用。前項挹注退撫基金之金額，由考試院會同行政院於退休公務人員每月退休所得調降後之次年三月一日前確定，再由基金管理機關依據預算程序，編列為下一年度預算並由各級政府於年度預算完成立法程序後撥付之。前項每年度之挹注金額，由基金管理機關定期上網公告之。」

就系統思維理論言，上述方案就是有效化解「政策阻力」的政策工具，由於月退休所得及優惠存款利率的調降，未來五十年內，各級政府節省經費合計高達7,406億元；退撫基金可節省914億元，皆可悉數挹注回退撫基金。再加上其他政策工具，退撫基金用盡年度可以從120年延後到141年，維持一個超過一個世代（二十五年至三十年）的財務穩健，達到學理上所謂維持公務人員退撫基金財務「永續性」的政策目標。

肆、公務人員退撫基金運作之動態均衡分析

一、系統行為的動態均衡

系統思維論著中關於存量──流量模型的建構，對於公務人員退撫基金財務管理與營運，提供了一個具有高度解釋性的模型。系統思維論者認為，「存量」是所有系統的基礎。所謂存量是指在任何時刻都能觀察、感知、計數和測量的系統要素；所謂流量是一段時間內改變的狀況（邱昭良譯，2017）。例如，公務人員退撫基金餘額或存量會隨著時間的變化而不斷改變，使其發生變化的就是流量。又供給大台北地區人民飲水的翡翠水庫就是個水庫存量（或稱水位），水庫流入的進水量主要來自降雨及南勢溪的溪水，而水庫的出水流量包含水庫放水、供給飲水。水庫的進出水量的流動，影響水庫的水位（存量）。就系統思維而言，流動是影響系統的行為。當流入大於流出時，儲備水

準上升；當流出大於流入時，儲備水準下降；當流出和流入持平時，當前儲備水準保持不變，並會繼續保持（這稱作動態平衡）。當流出減少或流入增加時儲備水準上升，存量為系統提供了一道安全屏障，因為它們可以延遲可能影響一個系統的衝擊，儲備使流入和流出有能力保持獨立（邱昭良譯，2017）。

　　當某一個存量的變化影響到其他相關的流入量或流出量時，就形成反饋迴路。反饋迴路可能導致存量水準維持在某一個範圍內，也可能使存量成長或減少。在任何一種情況之下，只要存量本身的規模發生改變，與之相關的流入量或流出量也會隨之而變。一旦存量水準有變化，系統就會啟動一個修正的過程，調節流入量或流出量的速度（也有可能同時調整二者），從而改變存量的水準。這又會產生一個反饋信號，再次啟動一個控制行動，從而形成一系列連鎖反應（當存量產生動態行為時，就發生反饋迴路；增強迴路和平衡迴路如何運轉是系統思維的基石。後者我們稱之為「調節迴路」（balancing feedback loop）。反饋迴路，其作用是使存量的水準保持穩定，「使存量的水平保持穩定」，保持在一個可接受的範圍之內（邱昭良、劉昕譯，2014）。

二、107年年改後公務人員退撫基金財務流量與存量

　　以系統思維的觀點而論，公務人員退撫基金規模就是系統的存量，其存量的水位是決定於系統流入流量與系統流出流量的差額，當系統流入流量大於系統流出流量時，就會產生系統存量，系統存量大到什麼「程度」可以稱之為「公務人員退撫基金財務永續性」？這是107年年改所要追求的目標。所謂的退撫基金財務永續性是維持是一個世代（二十五年到三十年）退撫基金用盡年度。這個系統存量是由公務人員退撫基金流入流量及流出流量的「差額」產生。就年改實務論，公務人員退撫基金的流入流量即所謂「退撫收入」，是由三個部分組成：（一）提撥收入；（二）挹注收入；（三）基金收益。退撫基金流出流量就是所謂「退撫支出」。退撫收入與退撫支出的差額，就是退撫基金存量或規模，如圖7-2。

　　依據第六次精算結果，因退休所得及優惠存款利率的調降，未來五十年內，各級政府合計約可節省7,406億元；退撫基金可節省914億元，挹注收入全數撥入退撫基金，預期基金累積餘額呈正成長期間，可超過十年以上；透

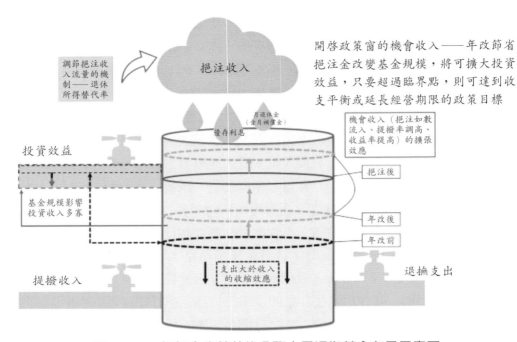

圖7-2　107年年金改革前後公務人員退撫基金存量示意圖

資料來源：筆者自繪。

過持續挹注收入，提供政府檢討政策之時間，俾基金得以永續經營。政府持續將挹注款項撥入退撫基金後，基金提存比率顯著提高，公務人員退撫基金提存率由27%提升到55%，此一政策產生公務人員退撫基金存量的三個可能情況：（一）在提撥率維持12%的前提下，公務人員退撫基金之基金累積餘額出現負數年延至130年；（二）如能依法自108年1月1日起，提撥率由現行12%逐年調高1%至15%，則公務人員退撫基金累積餘額出現負數，可延長到136年；（三）如提撥率由現行12%逐年調高1%至18%，則公務人員退撫基金累積餘額出現負數，可延長到141年。以精算基準日（106年12月31日）而言，可確保退撫基金達三十年的財務安全。如圖7-3。

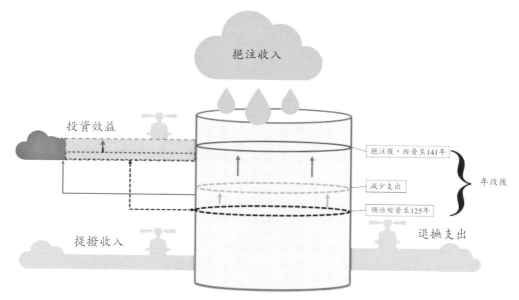

圖7-3　107年年金改革前後公務人員退撫基金存量用罄動態分析圖

資料來源：筆者自繪。

伍、公務人員年金改革制度「適當調整措施」機制之建構

一、系統動力學概念探析

Scott E. Page在《模型思維》（*The Model Think: What You Need to Know to Make Data Work*）一書，對系統動態力學有精要的著墨，系統動力學模型可以將流量和存量用數學函數來表示，可以調整這些定量模型，以便解釋過去的存量值，也可用之預測未來值，同時評估干預措施或調節措施可能產生的影響。質言之，在建構系統動力學模型時，我們選擇了關鍵的組成部分（存量），描述這些要素間的關係（流量）；在於系統動力學的模型下，流量、存量是可以調整的。這種模型不一定會達到均衡，但可以透過模擬，預測可能的運作情形

（賈擁民譯，2019）。

　　系統動力學係透過正回饋、負回饋的邏輯連結的思維方式。當變量或屬性增加，導致同一變數或屬性隨之增加時，就會出現「正回饋」。而「負回饋」會抑制持續趨勢。要注意文字障，不要受「負」這個詞的影響，而衍生出任何「負面」的規範性意涵。「負回饋」往往具有「匡正」、「穩定」的調節意涵，筆者認為它是系統的「調節機制」，可避免系統溢流、崩潰或瓦解。「負回饋」往往有助於系統的穩定性，它是個調節機制，能使一個系統的存量、流入流量及流出流量間，維持一個「合適而穩健的存量」。要知道，資源具有稀缺性，在某些外在條件限制下，在我們無法為系統存量投入「充分」的流入流量時，為維持一個「合適而穩健的存量」，就必須「限制」流出流量。因此，當在某些條件較寬裕情形，系統能夠有較充裕而高於「必要」流入流量時，在能夠維持「合適而穩定的存量」下，就可以放寬系統的流出流量。

二、公務人員年金改革制度「適當調整措施」機制之建構

　　退撫法第92條規定：「本法公布施行後，考試院應會同行政院建立年金制度監控機制，五年內檢討制度設計與財務永續發展，之後定期檢討。」司法院釋字第782號解釋文：「相關機關至遲應於按退撫法第92條為第一次定期檢討時，依本解釋意旨，就同法附表三中提前達成現階段改革效益之範圍內，在不改變該附表所設各年度退休所得替代率架構之前提下，採行適當調整措施，俾使調降手段與現階段改革效益目的達成間之關聯性更為緊密。」官方的說法：「銓敘部將遵照大法官解釋意旨，於依退撫法第92條規定進行第一次定期檢討時（自107年7月1日退撫法施行之日起五年內），若現階段改革效益確可提前達成範圍內（鈞院原提年金改革法案草案所定較為緩和之改革措施的改革效益），在不改變法定各年度退休所得替代率架構之前提下，採行適當調整措施，俾使調降手段與現階段改革效益目的達成間之關聯性更為緊密。」

　　解釋文所謂「適當調整措施」究指何意？或難探求本旨；或各說各話，或難成為系統的共同目標。惟筆者近來鑽研系統思維相關論著，偶有神會，尋思若以系統動力學之流量、存量概念，運用調節迴路於系統存量調節，頓覺掌握釋文所謂「適當調整措施」之肯綮，並對前開解釋理由書中所提「減少特定

月份退休所得之調降金額，尚須評估改革效益與改革目的並做整體考量」之意涵，有些體悟。更由於筆者得力於系統動力學應用軟體Vensim，得將司法院釋字第782號解釋中所謂「適當調整措施」，繪製成具體的調節政策，使之更具像化。如圖7-4。

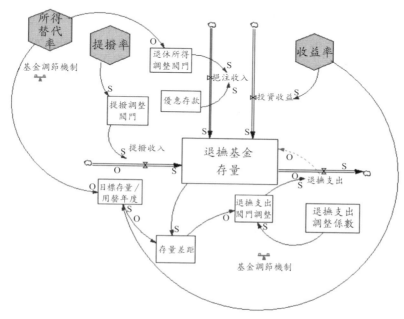

圖7-4　公務人員退撫基金存量動力分析與調節機制[1]
資料來源：筆者自繪。

　　以系統動力學的觀點而論，公務人員退撫基金規模就是系統的存量，系統存量的水位是由系統流入流量與系統流出流量的差額來決定，當系統流入流量大於系統流出流量時，就會產生系統存量；系統存量大到什麼「程度」可以稱之為「公務人員退撫基金財務永續性」？這是107年年改所要追求的目標，依第六次精算結果，可維持公務人員退撫基金存量到141年。

　　學理上所謂的退撫基金財務永續性，是維持是一個世代（二十五年到三十

<hr>

[1]　本調節機制是筆者利用Vensim系統動力學應用軟體繪製後，經與國立政治大學公共行政學系蕭乃沂副教授討論後再修改，若有錯誤由筆者負責，也感謝蕭副教授不吝指導。

年）退撫基金用盡年度。107年年改的結果，公務人員退撫基金存量可以延到
141年，這個系統存量是由公務人員退撫基金流入流量及流出流量的「差額」
產生。如果年金改革決策機關在政策上把「公務人員退撫基金存量可以延到
141年」當成「合適而穩健」的目標存量，這個存量是建立在幾個前提之上：
（一）繳多：提撥率由12%逐年調整至18%；（二）領少：退休所得替代率以
十年為過渡期，逐年調降其替代率，並按所具不同年資，給予層次性的調降結
果，以公務人員平均退休年資三十五年者為例，在改革方案所規劃的循序漸進
改革期程（十年過渡期）後，由75%調降至60%；（三）投資收益率為4%。那
麼，在不變動這個「合適而穩健」目標存量的前提下，如果收益率能夠由4%提
高至5%或5%以上，那麼是否可以考量退休所得替代率停在某個百分比，毋須逐
年調降，如此一來，可更貼近「維持個人退休所得適足性」的另一個政策目標，
而為公務人員所樂於接受。這種調節做法就是系統動力學中所謂「調節迴路」，
這種調節政策工具更扣合「兼顧公務人員退撫基金財務永續性及個人退休所得
適足性」衡平的政策理念，有利於消弭「政策阻力」或許就是掌握了釋文所謂
「適當調整措施」之肯綮，有利進一步維持個人退休所得適足性，如圖7-5。

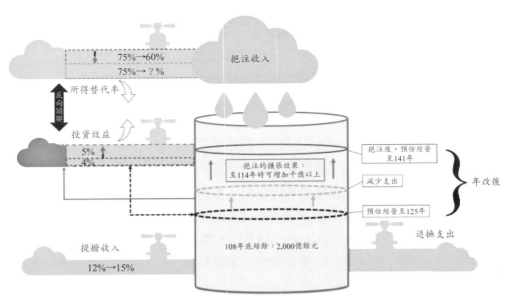

圖7-5　司法院釋字第782號解釋公務人員年金改革適當調節措施建構

資料來源：筆者自繪。

陸、結語

　　作為利害關係人的公務人員，在維持其退休權益的前提下，當然期盼「開源」大於「節流」，能「開源」自然不必「節流」，不「節流」，自不須運用「繳多、領少」等年改政策工具，或減低運用「繳多、領少」等年改政策工具影響程度。但運用「開源」政策工具的困難何在？

　　依據108年公務人員退撫基金管理委員會委託辦理基金第七次精算報告，在現行退休制度、給付條件及提撥率維持12%等所有條件假設都不變的前提下，以公務人員退撫基金為例，投資報酬率的績效達到8.1%，則無須提高提撥費率；或者不攤提過去未提存負債的前提下，只要長期投資報酬率的績效達6%，未來五十年的基金狀況，可以達到平衡。這些績效目標在當前的社經條件，的確相當困難，但也不要忘記人類因夢想而偉大的任何可能。

　　退而求其次，本文報告所建構的「適當調節措施」，是假設在不變動「合適而穩健目標存量」的前提下，如果收益率能夠由4%提高至5%或5%以上，那麼是否可以考量退休所得替代率停在某個百分比，毋須逐年調降？筆者認為，就時下剛興起的「目標與關鍵結果」（objectives key result, OKR）績效管理工具而言，將公務人員退撫基金管理委員會的年度績效OKR訂為「基金收益率由4%提高至5%」，應該是一個富有野心且具可達成性的績效目標。

　　綜上所述，如何增加「公務人員退撫基金的收益」，是健全退撫基金財務永續性，必須面對的政策議題。是以，筆者將在下一篇文章，探討如何透過活化退撫基金管理委員組織，設計彈性用人制度；如何設計具有市場競爭力的薪資制度，以延攬、留用及激勵擁有基金投資、操作及管理職能的人才；如何設計具有績效導向的薪資制度，使得基金收益率能夠由既定4%水準，提高至5%或5%以上，當對落實「公務人員退休所得適足性」政策理念，產生重大的效益。

參考書目

一、中文部分

李江豔譯，2019，《11堂極簡系統思維課：怎樣成為解決問題的高手系統思考》，中國青年出版社。譯自Schuster, Steven. *The Art of Thinking in Systems: Improve Your Logic, Think More Critically, and Use Proven Systems to Solve Your Problems—Strategic Planning for Everyday Life*. Steven Schuster, 2018.

林文燦，2015，〈政府公務人力老化問題——高齡化組織概念初探〉，《人事月刊》，358：18-27。

林文燦，2017，〈年金改革問題成因及可能發生影響之探討——非年金因素分析〉，《人事行政》，200：39-61。

林文燦，2018a，〈公務人員年金改革的價值、理念與制度〉，《人事行政》，202：47-62。

林文燦，2018b，〈我國公務人員年金改革核心問題成因之探討——路徑依賴分析〉，《人事行政》，203：56-73。

林文燦，2019a，〈公務人員年金制度改革決策基礎之探討(1)——資訊科技運用實例分析〉，《人事行政》，206：31-43。

林文燦，2019b，〈公務人員年金制度改革決策基礎之探討(2)——數據導向決策（Data-driven Decision Making）案例研析〉，《人事行政》，209：60-81。

邱昭良譯，2017，《系統思考：克服盲點、面對複雜性、見樹又見林的整體思考》，經濟新潮社。譯自Meadows, Donella H. *Thinking in Systems: A Primer*. Chelsea Green Publishing Company, 2008.

邱昭良、劉昕譯，2014，《系統思考》，機械工業出版社。譯自Sherwood, D. *Seeing the Forest for the Trees: A Manager's Guide to Applying Systems Thinking*. Nicholas Brealey Publishing, 2011.

張興等譯，2011，《第五項修煉・實踐篇》，中信出版社。譯自Senge, P. M., A. Klieiner, C. Roberts, R. B. Ross and B. J. Smith. *The Fifth Discipline Fieldbook: Strategies and Tools for Building a Learning Organization*. Currency Doubleday, 1994.

賈擁民譯，2019，《模型思維》，浙江：人民出版社。譯自*Scott E. Page. The Model*

Thinker: What You Need to Know to Make Data Work for You. Scott E. Page, 2018.

二、外文部分

Hynes, W. M. Lees and J. M. Müller eds. 2020. *Systemic Thinking for Policy Making: The Potential of Systems Analysis for Addressing Global Policy Challenges in the 21st Century.* New Approaches to Economic Challenges, OECD Publishing, Paris.

Kim, D. H. 1999. *Introduction to Systems Thinking* (Vol. 16). Pegasus Communications.

Meadows, D. H. 2008. *Thinking in Systems: A Primer.* Chelsea Green Publishing Company.

第8章

公務人員年金改革財務永續性之開源策略與策略人才管理模式結合之探討 —— 策略的觀點[*]

壹、前言

　　孟子曰：「三年之病，求七年之艾。」另一句老話：「未雨綢繆」；更常聽到：「今天不做，明天就會後悔。」換個方式來說：「我們今天如果做了該做的事，明天就不會後悔。」這些平常話，用學術的說法，就是在「談對一件重大事件或政策的『策略規劃』」，其衍生性的相關概念，如：何謂策略？何謂策略規劃呢？如何策略規劃？策略規劃的要義為何？策略的觀點，為何對研析公務人員年金改革財務永續性之開源措施的落實非常重要呢？P. F. Drucker 對策略規劃的看法，最能回答上述問題。他說：「策略規劃不是預測，它是為未來做現在的決策。它不是預測，而是承擔風險和責任。」（李麥可譯，2013）原來，以策略角度研析為何公務人員年金改革財務永續性之開源措施，是為此一開源措施創造有利的政策落實的條件。

　　以策略規劃角度面對公務人員年金財務永續性的問題，「當前」在節流政策方面已窮盡所有政策手段——「繳多、領少、延後退」，降低退休所得所節省的經費也都「全數」挹注回退撫基金，依財務精算報告，五十年可挹注經費總數高達7,600餘億。然而，大多數利害關係人更關注且高度共識的是，如何有效「落實」年金改革財務永續性之開源策略——亦即提高退撫基金收益的政策手段。

　　此外，利害關係人對於造成退撫基金收益不彰的諸多原因，也有高度的共識。從財金角度探討者多矣，而從人力資源管理問題析論者，屈指可數。筆者認為提高退撫基金收益的關鍵，在「現行」組織定位及「現行」的人事制度可否延攬、留任及激勵「適格」的基金管理及經營的人才？這也是本文之研究旨

---

[*] 原刊登於《人事行政》第213期，2020年10月，頁63-81。

趣。若進一步從策略性人力資源管理的角度來看，當前「要能做對」前述兩件事情，若能為公務人員退休撫卹基金管理委員會（以下簡稱基管會）「現在找對人」，將有助於「未來的退撫基金財務的永續發展」。

　　用另一句言簡意賅老話來形容當務之急，「莫要『現在仍停留在坐而論階段』，而是要『現在要為未來起而行的階段。』更要是使『坐而論』與『起而行』之間有效連結」。從學術的角度來看，就是1980年代興起「策略績效管理學派」的研究旨趣──使策略能轉化成為行動，而有效落實的績效管理工具，就是著名的「平衡計分卡」。

　　「坐而論找對人」的重要性。Jim Collins在《從A到+A》一書當中，提及「找對的人上車」哲學，「先把對的人請上車，不適合的人都請下車，再決定要做什麼。」但何謂對的人呢？對的人才，不會橫空出世，「十年樹木，百年樹人」、「人才需要培育，人才需要激勵，人才需要任使」。是以，如《孫中山‧上李鴻章書》云：「故教養有道，則天無枉生之才；鼓勵以方，則野無鬱抑之士；任使得法，則朝無倖進之徒；斯三者不失其序，則人能盡其才矣。人既盡其才，則百事俱舉；百事俱舉矣，則富強不足謀也。」揭示「人既盡其才，則百事俱舉；百事俱舉矣，則富強不足謀也」。

　　「起而行找對人」係指「當前」要做的兩件事。第一，基管會組織定位的問題；第二，如何「鬆綁」用人，如何「彈性」用人，如何「績效」用人。如何從策略人力資源管理角度延攬、留用及激勵適格的基金管理及經營人才，此為本文主要目的。

　　為達到上述目的，本文以「策略」為研究取向，尤其側重「如何將人才管理策略化為行動」。質言之，就是將那些「眾所皆知而延宕多時」的組織定位及人才管理等年金財務開源的問題，轉化成當下應執行的人才管理策略。因而本文會論及策略管理、策略績效管理、策略人力資源管理及策略待遇等相關的概念，並試圖以整體性、系統性建構「基管會策略性人才管理模式」。

貳、退撫基金績效不彰相關研究報告及建議的策略意涵

一、研究報告及建議之回顧與省思

行政院研考會100年7月委託國立政治大學風險管理及保險學系完成《退休基金管理制度之研究》，其結論與建議針對現行政府四大基金管理之組織、經營績效問題及建議方案，指出四大基金組織有各自主管機關，加上各自成立時空背景、加入對象、提撥費率相異，雖政府概括承受最終給付責任，但隨著外部環境變化，其在運作上存在許多共同的問題。包括：（一）法令規範限制過嚴，導致專業人力不足，包括：任用資格限制，無法招聘專業人力；員額彈性限制，不易適時調整人力。（二）薪酬獎勵制度僵化，難以延攬專業人力。（三）監督機關多重設計，不利基金獨立作業。（四）監督管理業務合一，徒增基金運作干擾。（五）委外期間限制過嚴，難以評估基金績效。（六）委外代操監督不易，操作風險不易掌控。該項研究可歸為二類：第一類：（一）、（二）及（三）為人才管理及組織定位問題，屬策略人力資源管理範疇；至於第二類：（四）、（五）及（六）屬基金營運問題。第一類是本文的所關注的焦點，茲將該報告中與本文有關的研究成果，摘述如下（王儷玲等，2011）：

(一)問題關鍵：政府基金管理組織定位與轉型

以管理組織型態來看包括四種模式，分別為：行政機關、獨立政府機關、行政法人與公司法人四種型態。再以所管理的基金性質來看，區分確定給付制基金與確定提撥制基金。若以政府角色來看，有些架構只負責監管，並不負責實際基金操作。另以操作層面而言，部分係由市場合格資產管理公司負責，一些架構則是包含監管與實際操作。最後，如以資金來源來看，有些來自退休基金內部所提撥的保費，一些卻是外部資金，例如：政府資金投入作為儲備基金之用。因此，必須從宏觀的角度比較政府基金管理組織轉型方向，這些層面包括：

1. 當政府角色著重監管退休基金時，其組織型態多傾向於行政組織。

2. 當政府特定目的成立退休基金時，其組織架構可採獨立政府機關模式。

3. 當政府負責退休基金監管操作時，利用行政法人提升管理機構彈性。

4. 當政府退休基金採用公司法人時，其董事會成員專業度十分重要。

（二）建議方案

　　配合上述研究結論，將未來推動政府基金管理組織整合與轉型政策建議分成立即可行做法及中、長程做法，分別臚列如下：

1. 立即可行建議

(1) 配合勞動基金規模增加，彈性放寬人事員額與經費編列（主辦機關：行政院人事行政總處、行政院主計總處；協辦機關：勞動部）。

(2) 調整現行基金委外績效評估辦法（主辦機關：勞動部、銓敘部；協辦機關：行政院公共工程委員會）。

2. 中、長程做法

　　由於政府基金規模逐年擴大，為能因應市場快速變化與發展趨勢，有效解決專業經理人力的增補或薪資酬勞之提高，俾讓政府基金管理組織發揮專業性與獨立性，未來在推動其管理組織轉型規劃上，可以從採取維持行政機關並進行體制改革、成立行政法人，以及透過公營公司法人等三個方案中選擇：

(1) 甲案：維持行政機關（主辦機關：行政院人事行政總處、行政院主計總處；協辦機關：勞動部）

　　首先，在維持既有行政機關型態前提下，隨著基金規模逐漸增大，除人員與薪給在現行制度規範下適度調整外，只能提升基金委外操作金額比例加以因應。因為當基金規模擴大後，雖行政機關在進行資產配置或處理現金部位操作或短票、債券等尚可應付，但權益證券的部分，尤其海外投資配置，其實需要有較多的專業人力進行研究與操作，亦即在維持現行行政機關型態下，勢必逐步提升權益證券委外比例。因此，未來若採取此案，其所需要配合的相關措施如下：

　　①比照金融監督管理委員會專業人力薪酬加給標準，提高勞動基金運用局專業人力薪酬加給。

　　②參考科技部高階人力模式，彈性聘用勞動基金運用局高階專業人力。

　　③因應基金規模增加，增加委外操作比例。

　　④因應基金績效評估，檢討委外操作時程。

(2) 乙案：成立基金型行政法人（主辦機關：勞動部、銓敘部；協辦機關：行政院人事行政總處、行政院主計總處）

　　其次，從國際的經驗來看，可以選擇將政府基金管理組織轉型為行政法人，此一基金型行政法人，其相關架構可以學習南韓基金型準政府機關的國民年金公團之運作模式，亦即在公團下設置基金運用本部，特聘執行長負基金管理之責，同時在專業人力聘用與薪資結構上賦予一定彈性，藉以吸引優秀各類專業人力投入管理與操作。

(3) 丙案：透過法人化公營公司（主辦機關：勞動部、銓敘部；協辦機關：行政院人事行政總處、行政院主計總處）

　　建議可將政府基金管理組織業務進行切割，內稽、內控，以及資產管理等相關的行政管理事務可以繼續保留於原有機關內，維持行政機關模式，另專司投資業務，專注於投資標的之研究等操作層面任務，則成立一個機構負責。為保有一定專業性與獨立性，人員也需要具備高度的財經背景與實務操作經驗。

二、研究報告及建議的策略意涵分析

(一) 研究報告及建議的策略規劃意涵

　　依據公務人員退休撫卹基金管理條例施行細則（以下簡稱基管條例施行細則）第17條規定：「本基金財務管理以收支平衡為原則，基金管理會為評估基金財務負擔能力，應實施定期精算，精算頻率採三年一次為原則。每次精算五十年。」所謂年金制度財務永續性，是精算「未來」五十年基金財務負擔能力，基金財務管理以收支平衡為使命、願景；又以策略規劃角度而言，年金制度財務永續的維持是指未來公務人員年金財務收支平衡，於「現在」做出必要的決策。策略規劃這個概念的要義在「側重於當下應採取的行動，以創造可欲的未來理想狀態。」Drucker有精闢的解說，茲摘要如下（李麥可譯，2013）：

策略規劃是「有系統地進行目前企業的（承擔風險的）決策，並盡可能地瞭解這些決策的未來性；系統地組織執行這些決策所需的努力；通過有組織的、系統的回饋，對照著期望來衡量這些決策的成果」。「策略規劃不是預測，它不過是為未來做現在的決策。它不是預測，而是承擔風險和責任。」「為未來做現在的決策。」策略不是要告訴我們「明天會發生什麼」、「明天應該做什麼」，而是告訴我們「目前的思想和行動必須包括怎樣的未來性」、「今天必須為不確定的明天做什麼」。策略是前瞻性的，但是需要後驗，可決策是現在的，每個人今天做的決定，客觀上都包含著一定的未來性，都會在將來被驗證。今天決策時，有沒有前瞻性地看到未來的變化趨勢，看到未來的機會和威脅——這就是策略的魅力。

如果運用Drucker策略規劃的定義，那麼公務人員年金財務永續性的策略規劃或可界定為「有系統地進行目前基管會的（承擔財務管理風險的）決策，並盡可能地瞭解這些決策的未來性；系統地組織執行這些決策所需的努力；通過有組織的、系統的回饋，對照著期望來衡量這些決策的成果，俾使基金財務管理達到收支平衡」。清楚地揭示策略規劃之旨，在於「當下」可行的各種必要措施，應立即執行，才能創造退撫基金財務永續的「未來」。

(二) 研究報告及建議的策略人力資源管理意涵

上開研究報告，討論基金的組織定位面，從甲案的維持行政機關，乙案的行政法人，到丙案的法人化公營公司，都寓意一個共通性的人力政策革新建議，那就是「專業人力進用與薪資結構上賦予一定彈性，藉以吸引優秀各類專業人力投入管理與操作」。此一建議有建設性，但卻與一般的委託研究犯了同樣的問題，那就是所提建議「只指出『什麼』問題，卻未能指出『如何』解決問題」。質言之，這些報告建議在「專業人力進用與薪資結構上賦予一定彈性」，但卻未能建議「『如何』使得專業人力進用與薪資結構上賦予一定彈性」的具體措施。該研究的主持人是財經背景，於基金的管理、運用及操作，自是專業，著無庸議。然對人力資源管理領域未能熟稔，自是「術業有專攻」

的必然。筆著浸淫人力資源管理學術與實務領域，對於在實務上，如何建構退撫基金策略性人力資源管理議題，包含：如何基於退撫基金的「組織定位」、基金的「使命、願景及價值」，規劃出匹配之「合適的人才管理策略及待遇策略」等，那些報告所欠缺的策略人力資源管理意涵，自然也是本文可以野人獻曝之處。

參、匹配公務人員退撫基金開源策略之策略人才管理架構

　　以策略規劃角度而言，年金制度財務永續性的政策作為，在思考為了未來公務人員年金財務收支平衡，「當下應做出哪些必要的策略性人力資源管理措施，得以延攬、留用及激勵優質而具有績效的基金管理、操作人才」，俾能提高基金收益的決策。為達此一目的，筆者嘗試建立一個「基管會策略性人才管理模式」，如圖8-1，以期「當下」能夠延攬、留用及激勵優質的基金管理經營人才，有效地提高基金的收益，為「未來」公務人員年金財務收支平衡做出必要的決策。如前所述，本文既以「策略」的觀點切入，尤其側重「策略如何化為行動」的執行面。因此將論及策略管理、策略績效管理、策略人力資源管理及策略待遇等相關的概念，並試圖以整體性、系統性建構「基管會策略性人才管理模式」，如圖8-1。

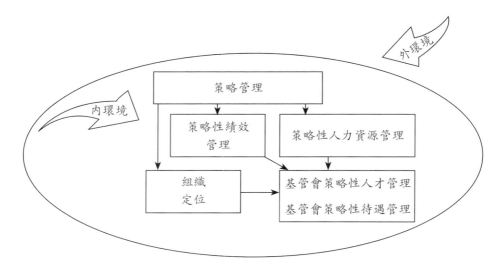

圖8-1　公務人員退撫基金管理委員會策略性人才管理模式

資料來源：筆者自繪。

一、策略管理學派

　　Henry Mintzberg與Joseph Lampel共同撰寫的《戰略歷程》（*Strategy Safari*）一書中探索了策略管理領域，發現了策略形成的十種不同學派，並重新定義了其1985年對策略學派的觀點，分別為：設計（design）學派：使企業的內部情況與外部情況相符；規劃（planning）學派：對環境及策略實施做出分析，以開始正式規劃；定位（positioning）學派：受Michael E. Porter觀點的影響，策略取決於市場及其行業內的企業定位；企業家（entrepreneurial）學派：策略由領導者驅動；認知（cognitive）學派：深入探究策略家的想法；學習（learning）學派：策略是一個應急的過程，當人們開始瞭解身處的環境及企業應對環境的能力時，策略便產生了；權力（power）學派：策略源自企業內部及外部的權力遊戲；文化（cultural）學派：策略的形成與文化的社會力量密切相關；環境（environmental）學派：策略取決於所處環境中所發生的事件及企業的應對方式；結構（configuration）學派：策略是轉型過程的一部分（郝勝楠等譯，2017）。

　　由於政府部門性質上屬非營利且著重公共目的之公共組織，筆者認為其中策略設計學派、策略規劃學派及後來興起的願景驅動型管理（visionary strategic management），較適合描述政府部門策略的運作情形，而以願景驅動型管理學派更切合策略性人力資源管理相關政策議題探討，該學派主要的主張即，企業願景（vision）就是企業目的（purposes）或使命（mission）的理想描述，「企業只有具備了明確的任務和目的，才可能制定明確和現實的企業目標」。

　　隨著愈來愈多的學者關注並把企業使命或宗旨當作企業策略管理首要制定的工作，使得企業願景對其策略管理的重要性日顯增強。Stacey提出，管理者在提到策略選擇時，通常認為策略選擇有如下特徵：（一）領導者應該設置目標，進行使命陳述，說明願景、夢想或是意向；（二）領導者將向組織中的所有員工鼓吹這種願景，並使他們相信這個願景必會實現；（三）策略管理需要行動，這包括一個長期計畫，組織沿著這個計畫朝目標前進；（四）策略管理的目的就是，以一種比競爭對手更為有效的方式，來實現公司的能力和顧客的需要之間的相互匹配（羅珉，2008）。

　　平衡計分卡各個構面所包含的各項重要目標和指標，源自企業的使命、核心價值觀、願景和策略，並終於使之化為行動。各種落實策略的行動方案自應與使命、願景及價值觀緊密連結。而使命是組織存在的核心目的，即組織為什麼存在，它反映了組織存在的理由。使命同時也反映了員工在組織中工作的動機，它能夠指導和激勵員工。核心價值觀（core values）是指導組織決策和行動的永恆原則。使命、願景及核心價值在策略管理的實務上，是重要卻不易界定的概念。然而Susan Barksdale與Teri Lund的描述，極具參考價值。茲摘陳如下（劉曉紅譯，2010）：

　　　　「使命」陳述簡潔、直接。它明確規定了組織存在的理由以及它與競爭對於和其他類似組織的區別。它應該解決下列問題：（一）組織存在的理由；（二）組織為誰服務（最主要的消費者或客戶）；（三）組織對於其他人的價值。使命陳述很少需要更新，除非是公司裡出現了一個大的變化或者是改組——產品擴展、消費者人口

數據變化或組織運行上的變動。

願景陳述常常只在二至四年裡保持最新。它描述了組織的發展方向或者說人們是如何想像組織的未來的。願景陳述還常常比目標陳述更加理想，更加鼓舞人心。它應該解決下列問題：（一）公司將來的發展方向；（二）一個可以解釋將來變化的數據（時間允許／規定的，程度／改變的百分比，收入的增加／減少）；（三）當符合這個策略的時候，組織將是什麼面貌；（四）組織以現實和可信的術語寫下的資訊與它的陳述和價值觀是一致的。

價值觀陳述確定了組織的特點、行為或品質。這些特點、行為或品質將作為組織行動的典範。價值陳述應該：（一）定義員工、經理和主管該如何做；（二）反映管理階層，董事會（理事會）以及其他任何最終支配組織行動的人的價值；（三）成為雇員的價值觀；（四）定義組織文化的基礎（如何使所有的成員身體力行）；（五）執行公司的決定。舉一個例子說明之：

使命陳述：我們的目標是給那些被虐待的動物最好的照顧，它們需要我們的關愛和關注，我們希望通過我們的努力能使這些受虐待的動物轉變成可以收養的寵物，進入我們充滿愛的家庭裡。

願景陳述：我們希望在三年內，發展一個可以容納200個受虐動物的設施，然後把超過2,000隻動物安置在這些優質的家中。

價值觀陳述：我們的價值觀是尊重動物的權利，促進動物的安康，為動物和人類之間架設橋樑，實現雙贏。

如前所述，使命、核心價值及願景在當代公私部門經營與管理非常重要，卻因屬概念層次，或有抽象難以具象化之情形。筆者審視許多公私部門的案例後，彙整公私部門對其使命、核心價值及願景的陳述，試舉公私部門一個標竿案例，以利瞭解。私部門以國內半導體龍頭為例，如表8-1；另外，公部門以和平醫院為例，如圖8-2。

表8-1 台積電公司使命、願景及核心價值系統表

名稱	内容
使命	1. 成為全球最先進及最大的專業積體電路技術及製造服務業者。 2. 與我們無晶圓廠設計公司及整合元件製造商的客戶群，共同組成半導體產業中堅強的競爭團隊。
願景	作為全球邏輯積體電路產業中，長期且值得信賴的技術及產能提供者。
核心價值	誠信正直、承諾、創新、客戶信任。

資料來源：筆者依據台積電公司官方網站資料繪製。

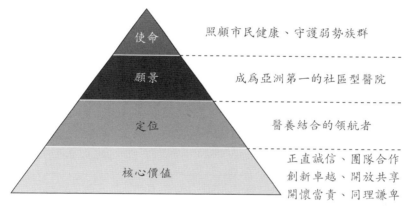

圖8-2 醫院使命、願景及核心價值系統圖

資料來源：和平醫院院區官方網站。

二、策略績效管理

策略績效管理旨在消弭「策略與執行」間的鴻溝。何謂策略性績效管理呢？De Waal（2007）認為，策略性績效管理是個調控（steering）組織方向的過程，首先藉著有系統性地整合組織使命、策略及目標，並運用關鍵成功因素、關鍵績效指標等，使之可評量組織績效，使之能採取匡正性行動，促使組織走在正確的軌道上，提升績效。要知道，策略性績效管理學派並非純學術的思維，而是產自績效管理實務的需要，又如Okumus與Roper（1999）所謂「……偉大的策略，汗顏的執行。」（... great strategy, shame about the implementation.）這些論述都直指「策略與執行分離」、「規劃與執行脫鉤」

是管理的核心問題，同時寓意著傳統績效管理的困境。於是，開拓績效管理學術界與實務界一個新興的研究課題——那就是「策略性績效管理」（strategic performance management）。

　　Kaplan與Norton的「平衡計分卡」，就是一個落實策略性績效管理學術的實務工具。Kaplan與Norton認為，如果想要發展一致性的架構來描述策略，首先必須將策略在這個連貫的管理體系中之定位標示清楚。從最上層的組織「使命」開始，因使命在界定組織本身存在的理由，以及組織內的各個單位如何在宏觀的企業架構下，適切的扮演其角色。伴隨著組織使命的核心價值，和使命一樣具有長期而不變的一貫性與穩定特質。而願景則描繪出未來的藍圖和方向及所要達成的理想狀態，使組織內的成員瞭解他們為何以及如何貢獻己力，以透過共同的努力，支持組織願景之實現。在穩定的使命與價值，以及動態的策略之間，願景可說是扮演著重要銜接的角色；而策略則必須不斷隨著時間演變，以因應現實世界的各種變化情境，如圖8-3（遠擎‧策略績效事業部譯，2001：137）。「平衡計分卡」為落實組織之使命、願景及策略之具體行動化

```
┌─────────────────────────────────────────┐
│              擬訂策略                       │
│        （本企業的策略目標是什麼？）            │
└─────────────────────────────────────────┘
                    ↓
┌─────────────────────────────────────────┐
│            確認勞動力需求                    │
│（為達成企業策略目標，人力資源部門企業所需之員工職能和行為是什麼？）│
└─────────────────────────────────────────┘
                    ↓
┌─────────────────────────────────────────┐
│          擬訂人力資源策略政策與措施             │
│（哪些人力資源政策與實務，能夠產生所需之員工職能和行為？）│
└─────────────────────────────────────────┘
                    ↓
┌─────────────────────────────────────────┐
│         擬訂詳盡的人力資源計分卡衡量指標          │
│（人力資源管理部門如何衡量自己在策略執行方面的工作成效——評斷基準為│
│      是否產生了企業需要的那些員工職能和行為？）      │
└─────────────────────────────────────────┘
```

圖8-3　人力資源策略和行動與經營策略匹配模型

資料來源：劉昕、江文譯（2014）。

系統。

三、策略人力資源管理

　　所謂策略性人力資源管理，是指制定和實施那些能夠帶來實現公司策略目標所需的職能和行為的人力資源。政策和實踐（劉昕、江文譯，2014：64），稱之為最佳匹配（best fit）。

四、策略人力資源管理的新趨勢

　　Edward Lawler III是組織與策略人力資源領域的權威，在《重塑人才管理》一書指出，人才是組織的高價值資產，而且通常是最高價值的資產；他又揭示在VUCA時代之下人才管理的六大原則：原則一：策略與人才雙向驅動；原則二：以技能和職能為基礎；原則三：聚焦個人績效對組織績效與競爭優勢的影響；原則四：保持組織敏捷性；原則五：個性化與區別化管理；及原則六：以證據及資料為基礎。茲就與本文有關的三個原則，引述如下：（何纓等，2019）

（一）原則一：策略與人才雙向驅動

　　人才管理工作是由組織的「策略」，以及使該策略成功實施所需要的「能力」這兩個因素驅動的。組織的策略能否成功，取決於組織的策略實施能力；而策略能否順利實施則取決於組織中「人才」的執行能力。因此，組織需要確保自己在人才管理方面的舉措，能夠滿足自己在策略能力方面的需求。如果策略實施能力方面的需求不能得到人才管理的奧援，那麼組織就應該對其策略做出調整。

　　每一個組織在制定策略之前都必須問一些問題：什麼樣的人才是組織需要的「正確的」人才？組織是否擁有這樣的人才？如果沒有，組織是否能夠招聘到或者培育出實施策略所需要的人才？組織能否構建人才管理體系，設計人才管理舉措，從而使組織所需要的人才能夠得到有效激勵，並願意對提升組織的有效性做出承諾？如果最後兩個問題的答案中有一個是否定的，那就意味著此項策略將無法被有效實施，也不會被組織採納。

（二）原則二：以技能和職能爲基礎

　　傳統的組織是以職位為導向（按：就是建立在職位分類制度上的設計），以層級結構思維為基礎建立的。因此，員工接受的待遇和管理方式更多取決於他們所在的職位（從事的工作），而不是他們的績效表現、技能、職能及個人需求。這樣的做法在過去那些傳統的官僚組織中可能無可厚非，但在今天的工作場景中卻已不大合適，遑論未來。當今的人才管理體系要想確保組織能夠有效運作，並能應對外部環境的不斷變化，最為重要的事情就是聚焦於個人的需求、技能和工作職能，進行體系設計。這就意味著，組織既要聚焦於個人已有的技能，也要聚焦於組織為保持自身有效性所需要的技能，並以敏捷、契合策略的方式發展。

（三）原則三：聚焦個人績效對組織績效與競爭優勢的影響

　　組織中的人才管理體系應聚焦於成功實現策略，它的人才需要創造出怎樣的優異績效？這裡的「優異績效」既包括個人的卓越表現，也包括團隊、業務單位或整個組織的優秀績效。大部分層級制的人才管理體系都沒有考慮組織中不同種類績效表現出的複雜性和重要性差異。這類組織通常會承諾對「績效最優者」給予晉升、增加基於個人特質的獎金等激勵，但對「績效」優劣的衡量則基於工作年資。這些並不是正確的做法，尤其是當組織在選擇晉升時，以及在建立一套能夠支援組織效能的人才管理體系時；因為這種做法未能聚焦於那些保證組織效能所需要的關鍵績效行為，以及未能夠激發人才發展動力的激勵因素；然而這些人才管理措施方為人才管理體系應該關注之所在。

五、策略待遇管理

　　策略待遇管理大師Edward Lawler III（1981: 229）指出「任何一個組織的待遇制度是由許多策略性決定所構成。任何單一待遇方案，絕對不適用於所有組織之中。每一個組織都必須設計出一套匹配本身所處情境的待遇制度。」、「當社會改變了，組織也隨之而變；組織一旦改變了，就必須改變其待遇制度。質言之，各組織隨時隨地都需要有一個新的待遇制度。當下運作良好的待

遇系統，明日或許將成無用之物。因此，所謂有用的待遇系統，不但應該是一個移動的標靶，更應該是個止於至善的制度設計，任何待遇制度絕非最終的狀態，而處於一個與時俱進的動態中。質言之，新待遇的要義不在於探討新的待遇實務，係專指探討在複雜組織下待遇角色的思考方式，一種始於結合組織策略，結合組織設計的待遇設計過程。」（Lawler III, 1995: 14）因此，他還以設計新建物的思考邏輯來說明待遇制度設計的策略性思考過程。他指出「建築師應該先瞭解新建物的用途，一旦做出判斷後，就可以做出有關該建築物的高度、面積及建材等基本設計的各種決定。就待遇系統而言，我們也必須先行瞭解要完成的事項為何。一旦做出判斷後，我們就可以做出某些基本設計上的決定，並建立一些核心原則」。（Lawler III, 1990: 12）

　　在待遇管理實務上，員工待遇的給薪基礎可歸納，並簡稱為3P，分別是：第一個P是職務薪：依據員工所擔任的職務給薪，它就是建立在工作分析、職務說明書及職務評價制度上的職位分類制度。第二個P是績效薪：依據員工績效給薪，是一種依據員工個人績效表現而不論年資的給薪制度。第三個P是個人薪：依據知識工作者所擁有的個人專業價值及技術價值來給薪，如技術薪或知識薪。待遇制度就是這3P的組合，而策略性待遇制度就是根據組織特性，將這3P做最適組合的待遇管理設計（許道然、林文燦，2022）。

　　根據實證研究顯示，策略績效管理要旨之一是明確地將績效與待遇做穩固的連結。Kagaari等人（2010）發現，績效管理最根本的目標在於提升並改進員工的效能；將一個公司的待遇方案與員工或團隊績效結合的措施，其具體內容要包含制定及酬賞等措施，以符合績效期望。

肆、匹配公務人員退撫基金開源策略之策略人才管理模式

　　為利公務人員退撫基金開源策略，有效提高基金經營績效，能夠系統化、整體性綜觀延攬、留用及激勵適格的基金管理與經營人才，筆者結合實務經驗，草擬基管會策略人才管理模式，如圖8-4。

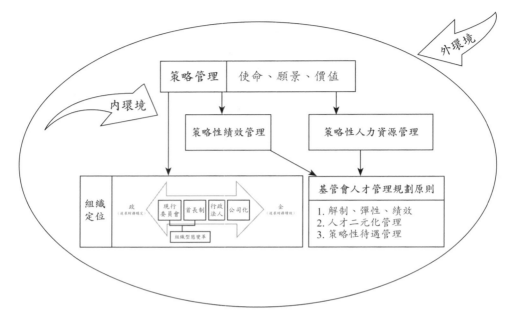

圖8-4　公務人員退撫基金管理委員會策略人才管理模式

資料來源：筆者自繪。

一、基管會的使命、願景、價值及策略體系架構

（一）使命

　　一般而言，所謂使命係指有關設立這個組織（機關）理由的陳述。政府機關的使命通常可以從各機關的組織法或組織條例獲得較明確的定義。例如，經濟部水利署、內政部營建署等的使命，可以從該等組織條例的掌理事項定義之。例如，經濟部水利署掌理下列事項：水利與自來水政策、法規之擬訂及執行事項。因此，在定義基管會使命時，應從其組織條例探究之。是以，若從基管條例第2條第1項規定，「本基金設公務人員退休撫卹基金管理委員會負責基金之收支、管理及運用。」公務人員退休撫卹基金管理委員會組織條例第3條規定：「本會掌理下列事項：一、關於公務人員退休撫卹基金之收支、保管、運用及規劃事項。二、關於公務人員退休撫卹基金之收支、保管及運用機構之

決定事項。……」筆者純粹做學術探討，將基管會的使命定義為：「透過退撫基金之收支、保管及運用，健全財務，維持財務的永續性，以保障退休公務人員退而能安退，退有所養。」

（二）願景

　　一個組織的願景是關於其「未來理想發展狀態」的一種陳述，是一個組織希望在未來（一個特定期間）成為「何種組織」的描述。願景要能「鼓舞人心，主導一切，長期趨勢」，例如，迪士尼的願景是：成為地球上最幸福的地方；麥當勞的願景是成為地球上最快速的餐廳。

　　參考基管條例施行細則第17條規定：「本基金財務管理以收支平衡為原則，基金管理會為評估基金財務負擔能力，應實施定期精算，精算頻率採三年一次為原則。每次精算五十年。」基管會的願景似可定義為：「成為一個經財務收支平衡，兼顧財務永續及個人所得適足的退撫基金。」

（三）核心價值

　　從基管條例及其施行細則分析，基管會追求的核心價值有二，分別為：財務安全價值與財務績效價值。這二個價值形成基管會員工面對基金管理與經營的看法及行為準則。

（四）策略及行動方案

1. 策略陳述：維持是一個世代（二十五年到三十年）退撫基金使用年度。
2. 策略行動方案：策略方案在實務上係指各種退撫基金財務永續性精算假定。又依基管條例第5條第2、3項規定，「本基金之運用及委託經營，由基金管理委員會擬訂年度計畫，經基金監理委員會審定後行之，並由政府負擔保責任。本基金之運用，其三年內平均最低年收益不得低於臺灣銀行二年期定期存款利率計算之收益。如運用所得未達規定之最低收益者，由國庫補足其差額。」
(1) 策略行動方案一
　　公務人員年金改革制度業因107年7月1日實施而底定，年金改革決策機關

在政策上把「公務人員退撫基金存量可以延到141年」當成「合適而穩健」的目標存量，這個存量是建立在幾個前提之上：①繳多：提撥率由12%逐年調整至18%；②領少：退休所得替代率以十年為過渡期，逐年調降其替代率，並按所具不同年資，給予層次性的調降結果，以公務人員平均退休年資三十五年者為例，在改革方案所規劃的循序漸進改革期程（十年過渡期）後，由75%調降至60%；③投資收益率為4%。

(2) 策略行動方案二

108年基管會委託辦理基金第七次精算報告，在現行退休制度、給付條件及提撥率維持12%等所有條件假設都不變的前提下，以公務人員退撫基金為例，投資報酬率的績效達到8.1%，則無須提高費率，降低給付，未來五十年的基金狀況，即可達到平衡。

(3) 策略方案三

不攤提過去未提存負債的前提下，只要長期投資報酬率的績效達6%，未來五十年的基金狀況，可以達到平衡。

二、退撫基金經營的價值、政策與管理的策略抉擇

策略的抉擇受到價值觀的影響。當前社會的二大價值為公平與效率，有的經濟學家認為，效率應該優先於公平，於是發展為資本主義；有的經濟學家認為公平應該優先於效率，於是發展為社會主義；有些經濟學家主張兩者應該兼顧，如Giddens所謂第三條路。在在顯示，社會在建立制度時，對該制度背後價值掌握的重要性。**價值抉擇影響政策選擇，接續影響管理抉擇**，如圖8-5。公務人員退撫制度背後價值為財務安全價值及財務績效價值，其價值的抉擇左右了公務人員退撫基金的組職定位。有沒有一個能夠兼顧財務安全價值，又能夠兼顧經營績效價值的退撫基金組織設計呢？若不能，則側重安全價值時，就會政策抉擇上偏向監督，以追求財務安全；若偏重追求績效價值，在政策抉擇上偏重經營，以追求財務績效；在管理抉擇上偏向管制，以追求財務安全；在管理抉擇上偏向解制，以追求財務績效。

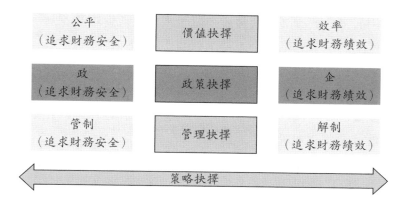

圖8-5　退撫基金價值、政策與理的抉擇思維示意圖

資料來源：筆者自繪。

三、退撫基金經營策略與組織定位的匹配

　　組織結構應如何配合策略而設計呢？Alfred D. Chandler在《策略與結構》（*Strategy and Structure*）一書中分析策略與組織結構之間的關聯。他認為企業只能在一定的客觀環境下生存和發展，因此，企業的發展要適應環境的變化，企業要在對環境進行分析的基礎上制訂出相應的策略和目標。組織結構必須適應企業的策略，並隨策略的變化而變化，環境─策略─組織結構之間相互關係的策略思想，奠定了企業策略理論研究的基石。Chandler認為，策略是先於組織機構出現，公司應首先建立一套策略，然後摸索創建適應戰略的結構，最終化為現實。Chandler的研究開創了策略管理領域的策略─結構─績效範式（strategy-structure-performance paradigm, SSP Paradigm）（羅珉，2008）。

　　前面行政院研考會的委託研究報告有一個重要的貢獻，指出退撫基金的策略抉擇與組織定位的關聯，該報告發現：

（一）當政府角色著重監管退休基金時，其組織型態多傾向於行政組織。

（二）當政府具特定目的成立退休基金時，其組織架構可採獨立政府機關模式。

（三）當政府負責退休基金監管操作時，利用行政法人提升管理機構彈性。

（四）當政府退休基金採用公司法人時，其董事會成員專業度十分重要。

　　筆者運用研考會的委託研究發現，賦予人力資源管理的意涵，則策略與組織設計最適匹配的決策思維如下，其示意圖如圖8-6：

（一）若追求財務安全極大化，則維持現行機關組設。

（二）若追求財務績效極大化，則走向公司化組設。

（三）若兼顧財務安全與財務績效，則朝向解制、彈性及績效原則；二元化人才管理及策略待遇管理等設計。

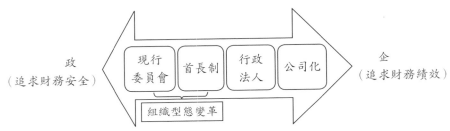

圖8-6　退撫基金策略與組織設計最適匹配決策思維示意圖

資料來源：筆者自繪。

伍、匹配公務人員退撫基金開源策略之策略人才管理具體措施芻議

　　公務人員年金改革制度於107年7月1日實施，原應塵埃落定，然因退撫經費係以基金方式籌措，其財務呈現流動狀態，目前學理上所謂的退撫基金財務永續性，是維持是一個世代（二十五年到三十年）退撫基金用盡年度。此次年改的結果，公務人員退撫基金存量達到141年。此次年改主要的政策工具偏重於「節流」，勢必影響公務人員退休所得；而「開源」工具呢？如何增加「公務人員退撫基金的收益」，是健全退撫基金財務永續性，必須面對的政策議題。

一、策略性人力資源管理思維

　　人才管理應先從基管會的策略展開。理論或實務界一直有個懸念，那就是退撫基金如果能增加收益！但事實上，退撫基金經營一直績效不彰，其受限於各種政治社會因素，雖難以一一梳理，但若就人力資源管理領域論，綜合Edward Lawler III、Dave Ulrich的論述：組織的策略能否成功，取決於組織的策略實施能力，而策略能否順利實施，則取決於組織中是否能構建「人才管理」體系。我們要自我省思：現行基管會人員的任用、待遇制度等人事制度，能夠延攬、留用及激勵提高基金經營績效所需要的人才嗎？他們能為組織策略的落實做出有效的承諾嗎？

二、策略性方案：建立評估基管會人才管理策略基準

（一）基管會需要的「正確的」人才是什麼？

　　基管會要延攬並激勵退撫基金投資運用的「正確」人力，以處理退撫基金操作、投資運用、風險管理、稽核內控、收支管理及財務精算等具高度複雜性及專業性業務，此外，還須仰賴相關資訊系統正常運作。

（二）基管會是否擁有這樣的人才？

　　基管會編制內有關退撫基金操作、投資運用、風險管理、稽核內控、收支管理及財務精算等專業人才不足，需在勞動市場上與民間企業競逐上述人才。

（三）若無，則基管會是否能夠延攬到、留用及激勵提高基金經營績效策略所需要的人才？

　　如何透過活化基管會組織，設計彈性用人制度；如何設計具有市場競爭力的薪資制度，以延攬、留用及激勵擁有基金投資、操作及管理職能的人才；如何設計具有績效導向的待遇制度，使得基金收益率能夠由既定4%水準，提高至5%或5%以上，當對落實「公務人員退休所得適足性」政策理念，產生重大的效益。

(四) 基管會能否構建人才管理體系、設計人才管理措施，從而使基管會所需要的人才能夠得到有效激勵，並願意對有效提升基金績效做出承諾？

筆者公務生涯中結合理論與實務經驗，曾義務協助許多機關設計人事制度，舉犖犖大端者如：為臺灣港務公司建構雙元升遷體系的人事制度、台大醫院作業基金彈性約用人制度、阿里山森林鐵路約用人員制度等。是以，為研議中的基管會人事制度，量身訂製一套配合提高退撫基金經營績效組織策略的「策略性人才管理人事制度」，要點如次：

1. 建構二元化人才管理制度，以彈性用人

在基金財務安全與財務績效衡平之前提下，筆者草擬一套二元人才管理組織構想，如圖8-7：其一為編制內人力，較特殊的是用約用專業人才的彈性任用與薪資制度，參考台大醫院、榮總、臺北市立聯合醫院，用以延攬、留用及激勵高績效之基金管理與投資的約用人員制度，賦予人事彈性。於「公務人員退休撫卹基金管理條例修正草案」第7條第2項規定：「前項第三款所需費用，指用人費用及其他投資、稽核所需之必要支出；其支用辦法經基金監理會審議

圖8-7　公務人員退撫基金二元化人才管理組織架構圖

資料來源：筆者自繪。

通過後，由考試院定之。」而所稱用人費用指編制員額以外之約用人力所需之薪酬，將明定支用額度、範圍及相關人員之進用、考核、獎懲及淘汰機制。此一規定，賦予基管會得彈性進用落實其策略目標所需的人才，這種做法就是Edward Lawler III所鼓吹的人才管理三大原則。

2. 建立策略待遇制度，以吸引、留用及激勵人才

在實務方面：將上述薪資理論運用至實務上，依據Edward Lawler III的原則，組織策略能否落實，關鍵在於其策略能否與人才的策略能力結合，因此，基管會提升基金績效的策略目標，想要能夠延攬到或者發展出實施策略所需要的人才，筆者綜合理論與實務，建議如圖8-8：(1)待遇結構：可擬採「寬幅待遇制度」（broad banding pay system）概念，能接近勞動市場薪資水準，俾利彈性進用勞動市場上具備績效實績之基金投資人才。(2)待遇組合：為契合基管會兼顧安全與收益之概念，將上述薪資數額，依策略思維分配為固定薪（職務薪）與變動薪，而變動薪的支薪方式：①按所擁有專業證照來給薪的技術薪以確保所延攬之約用人員的專業性；②按基金經營投資績效來給薪的績效獎金，以確保退撫基金經營績效的提升，依據基管會策略目標，訂定KPI達成率，按其KPI的達成度發給績效獎金。

圖8-8　公務人員退撫基金策略待遇構圖

資料來源：筆者自繪。

陸、結語

　　不論基管會的組織定位為行政機關，或者是定位為行政法人，或者定位為公司。在人力資源管理層面，**都指向要發展出一個解制、彈性及績效導向的策略人才管理模式，以延攬、留用及激勵適格的基金管理與經營人才。**此一指向在我們公部門運作系絡還只是構想嗎？還只是停留紙上談兵的階段嗎？其實不然，筆者很幸運地規劃設計過一些所謂典型的「官制官規」之外的「非典制度」，如前所述，筆者公務生涯中結合理論與實務經驗，曾義務協助許多機關設計非典型人事制度，舉其犖犖大端者如：臺灣港務公司建構雙元升遷體系的人事制度、台大醫院作業基金彈性約用人制度、阿里山森林鐵路約用人員制度等。這些非典制度設計在政府部門已有一些時日，有關彈性、績效的策略待遇制度的運作情形，非三言兩語可盡言。然可分享的是二元化策略人才管理模式運作情形。

　　分享二個二元化策略人才管理模式運作實例，一為行政院農業委員會林務局阿里山林業鐵路及文化資產管理處，基於政企分離，匹配設計為二元化策略人才管理模式。由文化資產管理處負責「政策管理」，基於解制、彈性人才管理趨勢，編制員額不必多，故僅置49人；而森林鐵路的營運、生態、人文的專業人才，透過國家考試，進用不易。可以因業務需要彈性用人，依「森林遊樂區暨森林、鐵路作業基金」大量進用是類專業人才，不必受現行官制官規所限。目前基金進用人數244人。

　　另一為行政院人事行政總處公務人力發展學院的運作方式，也是另一個「政企分離」的二元化策略人才管理模式運作良好的案例。筆者有幸曾擔任行政院人事行政總處公務人力學院前身——行政院人事行政總處公務人力發展中心主任（即現行院長職務），當時負責訓練管理的「政的業務」員額僅約41人，若自行營運須另增187人；而訓練營運、硬體維持等「企的業務」均由福華大飯店負責，既可免增187個員額，又可獲得更專業的服務。筆者曾為該中心負責人，深感受益。有一次同仁向我報告發展中心電腦主機溫度突然跳高，十分緊急，正在搶救中；但沒多久，同仁又來報告，情況已在控制中，因為福

華大飯店立即調來二部移動式冷氣機組，已有效降溫，這在行政機關是做不到的事情。這些鮮活的案例鮮受關注，筆者因緣際會或負責設計；或接受諮詢而義務協助設計；或親身體驗，故能野人獻曝。

參考書目

一、中文部分

王儷玲等，2011，《我國退休基金管理制度之研究》，行政院研究發展考核委員會。

何縷、談茜婧、張潔敏譯，2019，《重塑人才管理》，機械工業出版社。譯自Edward E. Lawler III. *Reinventing Talent Management*. Berrett-Koehler Publishers, 2017.

李麥可，2013，《在星巴克遇見杜拉克》，閱讀名品出版社。

郝勝楠、王夢妮、劉馨蓓譯，2017，《戰略的本質》，中國人民出版社。譯自Stuart Crainer and Des Dearlove. *Strategy*. McGraw-Hill.

許道然、林文燦，2022，《考銓制度》（修訂版），五南圖書。

劉昕、江文譯，2014，《人力資源管理基礎》，中國人民大學出版社。譯自Gary Dessler. *Fundamentals of Human Resource Management*. Pearson Education, Ltd., 2013.

遠擎・策略績效事業部譯，劉珊如審訂，2001，《策略核心組織──以平衡計分卡有效執行企業策略》，臉譜文化。

劉曉紅譯，2010，《成功戰略規劃10步驟》，中國鐵道出版社。譯自Susan Barksdale and Teri Lund. *10 Steps to Successful Strategic Planning*. Berrett-Koehler Publishers, 2009.

羅珉，2008，〈組織設計：戰略選擇、組織結構和制度〉，《當代經濟管理》，30(5)。

二、外文部分

De Waal, A. 2007. *Strategic Performance Management: A Managerial and Behavioural Approach*. Palgrave Macmillan.

Edward E. Lawler III. 1981. *Pay and Organization Development*. Addison-Wesley.

Edward E. Lawler III. 1990. *Strategic Pay*. Jossey-Bass.

Edward E. Lawler III. 1995. "The New Pay: A Strategic Approach." *Compensation & Benefits*

Review, 27(4): 14-22.

Kagaari, J. Munene, I. and Ntayi, J. 2010. "Performance Management Practices, Employee Attitudes and Managed Performance." *International Journal of Educational Management*, 24(6): 507-530.

Okumus, F. and Roper, A. 1999. "A Review of Disparate Approaches to Strategy Implementation in Hospitality Firms." *Journal of Hospitality and Tourism Research*, 23(1): 21-39.

第9章

公務人員年金改革成效及其對公務人力外部性分析——人才管理的觀點

壹、前言

　　人口結構的改變，使得各國政府都面臨高齡化社會的衝擊，紛紛提出各種解決方案的同時；學者、專家驚覺負責因應高齡化社會的公共部門本身也面臨高齡組織的直接衝擊，甚而某些國家公務人力高齡化問題，較私部門更嚴重。赫然發現：「解決問題者，本身的問題更嚴重。」公共服務領域的公務人力高齡化的挑戰有二：一方面，因公務人力高齡化致國家財政負擔日益沉重；另一面，因公務人力快速高齡化造成專業知識流失（loss of knowledge）、人才斷層的問題，直接衝擊公部門應對高齡化挑戰的施政能力。

　　從1990年開始，各國政府感受到公私部門退撫經費沉重負擔，紛紛推出各式各樣的年改政策，抒解財務壓力後，也開始重視組織高齡化對人才流失及治理能力降低的問題。何故？由於高齡公務人力驟增，致使相當高比例的公務人員，在相對較短的時間內屆齡退休，關鍵知識及核心人力的大量流失，日趨嚴重。於是，期盼維持公共服務相同水準和品質，使公共服務的能力不墜，成為世界各國中央人力資源主管機構須面對的複雜問題。

　　我國亦難自外於這股人口結構改變的衝擊。一方面，為抒解退休金財務負擔，推動眾所皆知的各國公部門年金改革議題，我國則是早在民國98年開始推動公務人員年金改革，以及在107年7月1日最激底的軍公教人員年金改革；另一個層面，就是公務人力快速高齡化所造成組織核心且有價值知識流失，及公共服務治理失能等人才管理問題。這個高齡化組織人才管理的議題，攸關國家治理能力，卻少受關注，也因而成為本文的研究動機。

　　有一句大家耳熟能詳的話，那就是「天橋把戲，會看的看門道，不會看的看熱鬧」。從105年展開的公務人員年金改革，到了107年7月1日塵埃落定，正

式實施。這個在文官制度史上重大的變革，曾占據媒體的版面，牽動已退及現職公務人員這群被改革者的心緒。這個攸關公務人員個人權益及國家公務人力人才管理的重大改革，門道到底是什麼呢？也就是說到底要改善什麼問題，改善了嗎？對政府公務人員人才管理的影響是什麼呢？由於筆者身處年金改制度規劃之中，得以窺得堂奧，觀得門道，願形諸文字，以為見證。歸結來說，此次公務人員年金制度改革在財務面所改善的問題，分別是：一、總體面：維持公務人員退撫基金財務的永續性；二、個體面：保障公務人員個人退休所得的適足性。另方面，我們要面對公務人員年金制度改革所造成的影響，其影響歸結為：一、對公務人力結構的影響；二、對公務體系人才管理的影響等應關注而尚未得關注的議題。

經濟學領域有眾所皆知的外部性，而公共政策亦有政策間的政策外部性，即某一政策的實施對其他政策產生的一些影響（張敏，2009）。因而，本文除了研析107年公務人員年金改革成效外，更聚焦其對公務人力資源管理的外部性，對公務人力結構影響及對應的高齡人才管理措施。另外，瞭解世界各國政府部門面對組織高齡時代下，所採取的高齡公務人員人才管理對策，俾收他山之石，以攻玉之效。

貳、公務人員年金改革成效

公務人員年金改革的財務面政策目標之一，維持退撫基金財務永續性的政策手段，是藉由提高退撫基金提撥費率，以及調降退休所得和優惠存款利率所節省之經費全數挹注退撫基金，以延長基金壽命，有效搶救退撫基金財務危機，並透過定期滾動檢討，讓基金永續，就是所謂的「繳多、領少」。銓敘部所採取具體措施如下：

一、逐年提高退撫基金提撥費率，以提高退撫基金收繳收入

由於退撫基金財務失衡情形，係以長期不足額提撥為主因，因此，為健全退撫基金，應調高軍、公、教人員退撫基金提撥費率。經參酌退撫基金第七

次精算結果及邀集相關機關研商，並經考試院109年8月20日第十二屆第298次會議通過，分別經考試院及行政院於109年8月28日完成會同公告，軍公教人員退撫基金提撥費率，從12%自110年1月1日起每年調升1%，至112年調整為15%（後續配合112年7月1日新進公教人員全新退撫制度及退撫基金精算結果，再賡續研議）。

二、調降退休所得和優惠存款利率所節省之經費全數挹注退撫基金

（一）挹助經費之法制設計

依退撫法第40條及其施行細則第102條、政務人員退職撫卹條例第22條及其施行細則第33條規定，退休公（政）務人員調降退休（職）所得及優惠存款利率節省之退撫經費應全數挹注退撫基金，每年應挹注基金金額於次年3月1日前陳報考試院及行政院會同確定並公告後，再由各支給機關辦理下一年度預算編列與撥付退撫基金等事宜。上述所節省經費挹注退撫基金，自107年度至110年度累計挹注退撫基金數額合計已達481億元（詳如表9-1），已成為有效舒緩基金財務困境的手段。另依銓敘部「公務人員退撫舊制年資應計退撫經費及挹注公務人員退休撫卹基金經費」——110年底法定義務負擔精算結果，自111年起，未來五十年依退撫法施行前後計算退撫舊制年資應計給退撫經費之差異，所節省之退撫經費，約能挹注7,526億餘元。

表9-1　退休（職）公（政）務人員調降退休（職）所得節省經費挹注退撫基金金額

人員類別	107年度	108年度	109年度	110年度
公務人員	約60億	約118億	約134億	約165億
政務人員	約5,964萬	約1億	約7,620萬	約1億
合計	約60億	約119億	約135億	約167億

資料來源：銓敘部挹注基金專區。

（二）挹注退撫基金之效益

根據公務人員退休撫卹基金管理委員會網站公告之公（政）務人員撥付

占收繳比例趨勢圖資料顯示，退休（職）公（政）務人員給付占收入金額之比率，自107年度之143.45%降至109年度之123.87%，而同期間基金收支短絀亦自約127億元減少至約87億元（減幅31.5%）（如表9-2）。據此，公務人員年金改革自107年7月1日施行以來，各級政府調降退休所得及優惠存款利率均依法將節省經費全數挹注退撫基金，從上述退撫基金給付支出占收入金額之比率下降觀之，年金改革已有初步成果，對基金財務體質改善顯已產生正向作用。

表9-2　公（政）務人員支出占收入比例

年度	基金收入（億元） （A）	退撫支出（億元） （B）	支出占收入比例 （C = B/A × 100%）
107	293.20	420.58	143.45%
108	298.51	433.77	145.31%
109	365.08	452.22	123.87%

說明：基金收入包含收繳退撫基金費用及調降退休（職）所得節省經費挹注退撫基金金額。
資料來源：公務人員退休撫卹基金管理委員會網站公告資料。

　　此外，根據銓敘部送考試院之「公務人員退休撫卹法草案改革後之財務精算及衝擊影響評估報告」，因退休所得的調降，五十年內，退撫基金應支出的給付，可節省679億元；但因退撫基金提撥費率提高，提撥收入可增加2,790億元；在各級政府可節省之退撫經費全數挹注情形下，退撫基金餘額用罄年度將從120年，延後至133年。

　　又以近年退撫基金收益率確有提高，108年至110年整體基金年收益率分別為10.62%、8.46%及11.85%，依退撫基金財務第八次精算期末報告，顯示退撫基金財務用罄時間，已較退撫基金第七次精算報告原先預估用罄期限延後。

三、兼顧維持個人退休所得適足性

　　基金財務永續不過是一種手段，最終目標是要使得退休人員「領合理，領得到，領得長長久久」。若因無限上綱地降低個人退休所得，導致社會充斥「下流老人」，絕非年金改革的政策目標。因此，年金改革的政策理念就是在尋得「年金財務永續與個人所得適足性平衡點」——建立合理的退休所得的

樓地板及天花板。樓地板旨在建構退休公務人員最低生活保障，使退休人員退休所得能維持基本生活，參照司法院釋字第280號解釋曾認定退休所得如低於「委任第一職等本俸最高級之本俸額及專業加給合計數額」（111年度為3萬4,470元）即難以維持退休人員基本生活，爰訂定基本安全保障金額——即樓地板數額（3萬4,470元），作為政府受僱者的基本安全保障金額。

參、公務人員年金改革前後之公務人力結構變化與國際比較

一、公務人員年金改革實施前之公務人力分析

銓敘部自88年起即著手研擬公務人員退休法制修正事宜，嗣於100年1月1日完成第一階段改革工作，並實施月退休金起支年齡延後方案及調整退休給與機制等；102年再持續推動第二階段改革，惟並未順利完成立法工作。然而100年1月1日實施之第一階段改革工作，雖對於減緩政府及退撫基金之財務負擔，具有一定成效，但仍存有以下問題：

(一) 自願退休比率高、平均退休年齡低、退休給付年限長

公務人員自願退休比率從85年度僅39.9%，逐年持續成長，到100年已高達93.76%，之後均在八成以上（107年為81.02%）。因自願提前退休比率提高，退休年齡下降，從92年到104年，均降至55歲左右；107年為57.11歲。相較國人平均壽命已達80餘歲，公務人員退休年齡偏低，造成退休給付年限過長。

(二) 退休所得接近現職待遇，促使人力提早退休，人才流失

退撫新、舊制過渡時期，新、舊制月退休金加上18%優惠存款利息，使退休公務人員月退休金和在職每月薪資相差不遠。在制度不變情形下，以純新制年資三十五年、薦任第七職等年功俸六級590俸點人員為例，月退休金可領約

新台幣5萬6,378元（107年待遇標準），相當於一般非主管公務人員每月薪資6萬2,640元的90%，造成多數公務人員在符合自願退休條件時辦理自願退休，除形成退休年齡低、退休給付年限增長情形外，也使公部門菁英人力流失，影響政府施政效能。

二、公務人員年金改革後之公務人力變化情形

　　OECD在2021年發表名為〈歐洲公共行政部門的高齡化和人才管理〉（Ageing and Talent Management in European Public Administrations）；是斯洛文尼亞公共行政部（Slovenian Ministry of Public Administration）為2021年歐盟理事會斯洛文尼亞輪值主席國期間所編寫。該報告旨在探討人口結構改變對歐洲政府部門的影響及其所造成的後果；揭示：在此高齡人力（ageing workforces）背景下，探討「歐洲公共行政網絡」（European public administration network, EUPAN）會員國公共行政部門，如何有效地面對高齡化和人才管理的趨勢，並分享一些前瞻性的建議及寶貴的經驗。這些經驗對我國政府部門面對107年公務人員年金改革所形成公務人力高齡化趨勢的現實及可能之因應人力資源管理政策，當可收「他山之石，可以攻玉」。EUPAN是負責歐盟成員國和觀察員國家公共行政的非正式網絡。主要關注領域，包括人力資源管理和組織發展、服務創新、公共行政改革、開放治理等。

　　該報告旨在研究歐盟會員國中央政府公務人力高齡化情形，因此，對何謂高齡公務人員先予以定義，該報告藉著「歐盟中央政府公務人員中年齡超過55歲以上者占25%」的描述，直接將所謂高齡公務人員定義為「年齡超過55歲以上的公務人員」，此一定義與筆者在2015年所發表之〈政府公務人力老化問題之研究——高齡化組織概念初探〉略以，「從公務人員退休制度之設計面與實務面來看，假設以55歲為判定政府部門公務人員高齡的基準點，故55歲以上能繼續任職者為高齡公務人員。」（林文燦，2015）不謀而合。使得我國107年公務人員年金改革實施後之公務人力變化分析，與歐盟會員國公務人員高齡化情形，有了共同的比較基礎。

(一) 公務人員年金改革實施後之公務人力變化分析

依據「全國公務人力資料庫」統計分析，截至110年底，行政機關公務人員（含公立學校職員；不含政務人員、法官、檢察官、警察人員、公營事業機構人員、衛生醫療機構人員）年齡結構分配情形，分別為：18歲至34歲公務人員占公務人員總數24.19%；35歲至44歲占總數27.81%；44歲至54歲占總數32.99%；55歲以上占總數15%（詳如表9-3）。

表9-3　行政機關公務人員年齡結構百分比統計分析

年底別	總計	18-34歲	35-44歲	45-54歲	55歲以上
101年底	100.00	22.86	35.70	32.20	9.25
102年底	100.00	24.03	33.69	32.56	9.72
103年底	100.00	24.71	31.67	33.43	10.20
104年底	100.00	25.18	30.26	34.08	10.48
105年底	100.00	25.38	29.61	34.47	10.55
106年底	100.00	25.40	29.12	34.67	10.81
107年底	100.00	25.32	28.27	34.55	11.85
108年底	100.00	25.49	28.01	34.08	12.43
109年底	100.00	25.48	27.87	33.09	13.56
110年底	100.00	24.19	27.81	32.99	15.00

資料來源：全國公務人力資料庫。

又進一步依據全國公務人力資料庫分析發現，55歲以上高齡公務人員的比率，101年到106年間穩定維持在9.25%到10.81%之間；惟自107年7月1日正式實施年金改革後，107年底為11.85%，108年底為12.43%，109年底升至13.56%，到了110年底攀升到15.00%，可見，公務人員高齡化已成為不可逆的趨勢，值得關注。

進一步言之，若以全國公務人員（含行政機關公務人員、公立學校職員、政務人員、法官、檢察官、警察人員、公營事業機構人員、衛生醫療機構人員）55歲以上高齡公務人員各官等年齡結構分析，55歲以上高齡公務人員占

公務人員總數的比率，101年到106年間穩定維持在12.40%到13.69%之間，僅增加1.29%；惟自107年7月1日正式實施的年金改革後，107年底為14.81%，108年底為15.43%，109年底升至16.70%，到了110年底攀升到18.12%，增幅達3.31%（詳如表9-4），全國55歲以上高齡公務人員增幅擴大，其人事政策所蘊含的高齡人才管理的議題，應預為籌謀。

表9-4　行政機關「55歲以上簡薦委任（派）人員」占比

年底別	計（%）	簡任（派）（%）	薦任（派）（%）	委任（派）（%）
101年底	12.40	46.55	10.94	9.48
102年底	12.92	48.33	11.39	9.95
103年底	13.29	48.03	11.89	10.26
104年底	13.49	48.16	12.09	10.33
105年底	13.47	48.53	12.07	10.18
106年底	13.69	48.90	12.23	10.31
107年底	14.81	50.49	13.27	11.55
108年底	15.43	52.43	14.15	11.31
109年底	16.70	53.56	15.68	11.64
110年底	18.12	55.78	17.05	12.62

資料來源：全國公務人力資料庫。

　　筆者更關注的是，從高齡人才管理角度來看，高階公務人員是決策核心，國之干城。55歲以上高階公務人員年齡結構分配，攸關高齡高階公務人力規劃及所蘊含的高齡高階公務人員知識傳承、接班等人才管理議題。依據表9-5來看，55歲以上高齡簡任公務人員占全體公務人員的比率，除101年為46.55%外，102年到106年間均維持在48.03%至48.90%之間，僅增加0.87%；惟自107年7月1日正式實施年金改革後，107年底上升到50.49%，108年底為52.43%，109年底升至53.56%，到了110年底攀升到55.78%，增幅達5.29%；若用「國際比較的簡任第十二職等高階公務人員占全體公務人員」的比率分析，則發現107年年金改革開始實施後，107年底為63.80%，108年底為66.14%，109年底

為67.27%，到了110年底攀升到70.29%。這麼高的比率及上升趨勢，銓敘部及行政院人事行政總處這二個中央人事主管機構，如何面對呢？

表9-5　行政機關「55歲以上簡薦委任（派）人員」占比：按職等分

年底別	總計（%）	簡任（派）（%）						薦任（派）（%）					委任（派）（%）
		小計（%）	第十四職等	第十三職等	第十二職等	第十一職等	第十職等	小計	第九職等	第八職等	第七職等	第六職等	
101年底	12.40	46.55	74.48	56.36	61.30	45.59	36.35	10.94	20.81	13.31	9.64	3.76	9.48
102年底	12.92	48.33	76.35	59.57	62.41	48.05	37.43	11.39	21.68	14.06	9.92	4.00	9.95
103年底	13.29	48.03	74.81	63.04	62.38	47.26	38.12	11.89	22.02	14.41	10.83	4.66	10.26
104年底	13.49	48.16	75.97	66.45	62.16	46.36	38.81	12.09	21.44	14.03	11.16	5.42	10.33
105年底	13.47	48.53	77.55	67.73	61.83	46.66	39.36	12.07	21.46	13.55	10.83	5.86	10.18
106年底	13.69	48.90	77.64	65.74	63.72	46.28	39.95	12.23	22.01	13.87	10.97	4.97	10.31
107年底	14.81	50.49	79.54	65.48	63.80	48.15	43.01	13.27	22.32	14.77	12.05	6.87	11.55
108年底	15.43	52.43	80.09	67.57	66.14	51.71	44.20	14.15	23.35	15.42	13.11	7.32	11.31
109年底	16.70	53.56	80.13	69.30	67.27	52.24	45.46	15.68	25.14	17.21	14.77	8.00	11.64
110年底	18.12	55.78	80.75	69.34	70.29	54.36	47.93	17.05	26.60	18.68	16.10	8.78	12.62

資料來源：全國公務人力資料庫。

（二）歐盟及OECD會員國公務人力高齡化現象統計分析與我國之比較

　　根據OECD於2021年發表的〈歐洲公共行政部門的高齡化和人才管理〉，歐盟會員國中央政府公務人員中年齡超過55歲以上者占25%，110年底我國公務人員年齡超過55歲以上者占18.12%；另外，最近OECD對23個歐盟成員國調查發現，中央政府公務人力年齡結構：35歲以下的年輕公務人員約占公務人員總數的17%；年齡在35歲至44歲間占25%。這意味著歐盟中央公務人力結構為：公務人員年齡在45歲以下占公務人員總數的42%；45歲以上（含45-54歲、55-64歲和65歲以上）公務人員占公務員總數約為58%。至於，高齡公務人員係指55歲以上的公務人員，這個年齡組也被稱為「嬰兒潮一代」，由

1964年以前出生的公務人員組成。在整個歐盟國家中，該年齡組約占中央公務人力比率29%（OECD, 2021）。以同樣的比較基礎分析，我國政府部門35歲以下的年輕公務人員約占公務人員總數的24.19%；年齡在35歲至44歲間占27.81%；44歲以下占公務人員總數的52%；45歲以上（含45-54歲、55-64歲和65歲或以上）公務人員占公務員總數約為47.99%。

　　歐盟國家中，義大利和西班牙二國之中央政府55歲以上公務人員比率接近50%；希臘、波蘭、荷蘭、奧地利和葡萄牙的高齡公務人員比率超過29%這個平均水準，有趣的是，其中幾個國家，如希臘和義大利35歲以下公務人員占比不到2%，這些國家要面對的高齡化公務人員影響問題相對比較多。有些國家如盧森堡、匈牙利和芬蘭等之公務人員年齡相對年輕，相對而言，這些國家公務人員高齡化少得多（OECD, 2021）。

　　歐盟D1級高階公務人員的職位僅次於部長或秘書長，他們可以是高級公務員，也可以由國家領導人政治任命之。他們就政策事項向政府提供諮詢、建言，也職司監督政府政策的詮釋和執行；在部分國家，他們可擔任首長，而擁有行政權力。D1級高階公務人員雖然不是內閣／部長會議的成員，但有權陪同參與一些內閣／部長會議，他們在某些特定職權範圍，提供政策諮詢和政策管理。我國十二職等高階公務人員亦扮演類似的角色（OECD, 2021）。

　　世界各國政府更關切的是高階公務人員高齡化的情形及其產生的影響。相較其他職位，高階公務人員高齡化對公共治理的影響要大得多。歐盟中央行政機關高階公務人員的年齡結構，有七個歐盟國家55歲以上高階文官占比超過50%。例如，在德國有75%的D1級高階管理人員年齡在55歲以上（其中5%已經達到65歲）。在瑞典，政府中有69%的D1級高階管理人員年齡在55歲以上。110年我國十二職等55歲以上高階公務人員為70.29%，與瑞典相近，較德國為低，與「高階公務人員高齡化對公共治理的影響要大得多」的趨勢相仿。

肆、高齡人才管理作為連結多世代公務人員的工具

　　筆者素來佩服管理學大師Peter F. Drucker的管理思維，關於高齡人才管理

這個議題，試著從他的三個管理思維建構筆者的思維架構。首先，他在《企業創新》一書中提及（胡瑋珊等譯，2005）：在所有的外在變化中，人口統計數字（人口數量變化、人口多寡、年齡結構、組成、就業、教育狀況、收入等）的變化或許是最明確的。這些數字一清二楚，最能預測影響結果；人口統計的轉變在本質上或許無法預測，但是在它發揮影響力之前，卻有一段很長的前置期，而且這段前置期是可以預測的。尤其重要的是年齡分布，以及人口重心層最可能發生的價值觀變化。人口重心層即是在任一段期間內，人口比例最高、成長最快的年齡層。1960年代，美國成長最快的年齡層轉變為青少年。隨著這些轉變而來的，便是所謂「典型」行為的變化。統計數字只是個起點，對於那些真正願意實地體驗、觀察、傾聽的人來說，千變萬化的人口統計資料是極有效又極可靠的創新機會。

　　從上述論述，研析高齡組織時我們可體會的是：一、行政機關公務人力的年齡結構組成的變化是最為明確、最能預測的，因此組織高齡化的趨勢是明確且無可避免的。二、人口統計的轉變在這段前置期是可以被預測的。尤其重要的是年齡分布，以及人口重心層最可能發生的價值觀變化。現階段，政府機關公務人力年齡結構中的55歲以上高齡公務人員這個「人口重心層」成長趨勢，便是高齡公務人力資源管理變革的議題。

　　其次，Drucker認為：策略規劃不是預測未來；並不是做未來的決策，而是為未來做現在的決策。由此，在思索及閱覽許多人力資源管理文獻及報告之後，面對高齡組織的下一步，我們該怎麼做呢？筆者構思一個高齡人才管理思維邏輯及架構為：在理念上，將高齡工作者定錨為多元人力管理的主要構成成分之一；在實務上，將高齡人才管理定性為多世代公務人員管理的連結；在機制上，建立知識管理機制，將高齡人才定位為組織記憶、組織知識及技能的傳承者。許多研究顯示，若有積極的社會認同，會帶來諸多理想的組織成效，例如工作績效、組織公民行為和人才留任（Dukerich et al., 2002）。留住高齡工作者關鍵之一是讓高齡工作者自身感受到備受尊重，對組織能有貢獻，並且沒有作為高齡工作者的負面社會認同。

一、高齡人才管理的定義

　　什麼是人才管理（talent management）？人才管理和人才理念在E. G. Chambers等人的《人才之戰》（*The War for Talent*）出版後開始流行。麥肯錫公司的顧問，強調了公司尋求實現可持續競爭優勢時面臨的關鍵人才問題，因此引起了從業者和研究人員的興趣。過去三十年，「人才爭奪戰」、知識經濟以及隨之而來的高齡化和嬰兒潮公務人員的屆齡退休，將人才管理這一主題置於人力資源管理文獻的熱區（Anlesinya and Amponsah-Tawiah, 2019）。

　　儘管人才管理這個領域在過去幾十年中不斷發展，但學者們尚未就明確的定義達成共識。Anlesinya與Amponsah-Tawiah（2019）指出，人才管理在組織中引起了相當大的關注，一般來說，人才管理策略和實踐分為二個派別：其一為「出類拔萃途徑」（exclusive approach），具排他性；其二為「各有所長途徑」（inclusive approach），具包容性。持出類拔萃人才管理途徑者認為，組織人力中少數人才華洋溢者，是所謂的「超級英雄員工」，左右組織績效，這種論點較獲支持；另外一種論點，是所謂各有所長人才管理途徑，認為天無枉生之才，員工各有所長，獨自身懷可取的才能，可以為組織績效做出貢獻。這兩派論點雖相持不下，但論辯中以出類拔萃取向受到較多認同。

　　最近，一種混同式的「兼融並蓄人才管理途徑」，應運而起，致力於兼融出類拔萃人才管理途徑和各有所長人才管理途徑。King與Vaiman（2019）將這種兼融並蓄人才管理定義為：每一位員工都是組織不可或缺的人才外，組織還有另一群被標識出具差異性的特殊的個人或業務部門，這二類人才要互補。由於那一群特殊人才具有更高的潛力，能對組織做更大的貢獻。因此，組織可特別關注，施予積極培育、人才留用（talent retention）及職務配置等特別的或更多的人力資源管理措施。本文對於人才管理是採兼融並蓄人才管理途徑，特別標示出政府部門裡高齡公務人員中擁有組織高價值隱性知識的特殊高齡知識型者，特別關注渠等是人才管理。由於這些高齡公務人員可能在短期中大量退離，所引致之高價值且隱性知識的流失及職位空缺填補不及或無以為繼等人才管理問題，胥賴我國中央人事主管機關早為籌謀。

　　一般而言，人才管理係指組織有目的導向的人力資源管理措施，俾能前

瞻且有策略地調整組織人力，以有系統地羅致、留任、運用、培訓並標示出組織中某一特定人力需求，藉以實現組織目標。筆者綜合高齡化人力與人才管理這二個概念，將高齡化人才管理定義為：「針對政府內部勞動市場人力結構之高齡化人力，所採行之有目的導向的人力資源管理措施，以有系統地留任、運用、培訓高齡人力，俾能前瞻、策略地調整最適公務人力結構，以提升政府績效。」

　　綜合前述人才管理的理論與實務，所謂高齡化人才係指，擁有對組織有價值且隱性知識的高齡知識工作者。這個定義、涉及到兩個關鍵性的概念，一個是知識工作者；另一個是有價值的隱性知識。知識工作者（knowledge worker）這個名詞是管理學大師Drucker在《明日地標》（*Landmarks of Tomorrow*）一書提出的，在他的許多著作中，提到靠知識獲取所得者，都可泛稱知識工作者，因此，我國公務人員以高學歷著稱，從事公共服務的公務人員更是名符其實的知識工作者。換言之，這種知識工作者跟產業革命以後用體力謀生勞動者不同，這些知識工作者是用腦力賺錢。「體力是有限，腦力是無限。」

　　而「隱性知識」這個是肇興於知識經濟時代的降臨、知識管理的興起，係指透過組織學習，而學習的知識，難以表達、具象化者。高齡化員工在漫長的職涯中，遇到一些特殊的情況，累積許多經驗，成為高齡員工自身擁有的隱性知識，這些隱性知識又對組織非常有價值，高齡員工若因不受尊重而不願分享給後進員工；或因欠缺知識管理機制，高齡員工因屆齡退休離開職場，就會把那些對組織有價值的隱性知識，帶離職場，對員工個人及組織整體而言，都是重大損失。因此，在公務人力高齡化的背景下，將高齡人才定義為具有隱性知識的高齡知識工作者，可以突顯我們重視高齡人才管理的政策和實踐。如何以更系統的方式調整公務人力政策和做法，以使高齡員工不被邊緣化？更正面地說，在多代公務人力結構之下，高齡員工擁有職涯累積、萃取的專業知識，如何使之代代傳承，使組織永續，薪傳不絕，正是維持高治理能力的公務人力，建構強大而有彈性公務人力的不二法門。

二、高齡化人才管理所涉重要面向

筆者認為面對高齡化組織的趨勢，可參考Hennekam與Dumazert（2022）所稱人才管理在組織中所指涉的有系統的人才標誌、羅致、培育及配置等四大面向，轉化成高齡人才管理四大面向，俾作為高齡公務人力規劃，應該是策略性、前瞻性的作為，試將四個高齡化人才管理面向敘述如下：

（一）標記高齡人才：理念上，非常注重標記出高齡人才擁有組織需要哪些類型的核心技能、隱性知識。做法上，這意味著標誌出公共服務中高齡公務人才之知識管理、治理能力及接班人計畫。

（二）培育高齡人才：理念上，強調「工作到退休，學習到退休」，終身學習的組織學習理念。做法上，透過針對高齡化員工培訓、指導和職務指派或歷練，使他們能夠承擔額外的責任。

（三）留用高齡人才：概念上，強調有價值高齡知識型公務人員所具隱性知識、技能的保留與傳承。做法上，結合資訊科技建立知識管理機制；建立高階公務人員接班梯隊計畫，並落實推動。

（四）調配高齡人才：概念上，不是僅僅做人才識別、人才培育或人才留用而已，更重要的是將高齡公務人員配置到適合的職位上，以善用其知識與技能。做法上，統計分析公務人力結構中的年齡、年資，盤點機關內各職位的配置情形，建立調節性職務，透過上述措施，俾對機關內高齡人才做最適公務人力配置。

三、公私部門高齡人才管理的挑戰與回應

Hennekam與Dumazert（2022）指出，高齡化人才趨勢下，公私部門面臨許多重大的人才挑戰，必須重新思考人才管理措施。這些挑戰分別為：（一）人才留用；（二）知識流失；（三）職場障礙：刻板印象和歧視（barriers stereotypes and discrimination）。綜整前述挑戰並提出對應措施，頗具參考價值，茲摘述如下，俾供研參。

（一）人才留用的挑戰與回應做法

　　人才留用是公私部門為實現組織目標，針對留住適格員工所採取的努力。在國家層次上，透過立法提高法定退休年齡是一個最直接的解決方案。2020年後，大多數國家已預計將法定退休年齡定到60歲至65歲之間。而日本和新加坡等國家更計畫將退休年齡調整為70歲。然而，這個解決方案涉及社會各利害關係人價值與權益的衝突，並非易事，往往成為勞工權益爭議事件。例如，2019年12月間法國勞工反對退休年齡延後，發起全國大罷工。在組織層次上，我們所關注者為，如何建構一套培育、留用、工作安排及運用高齡員工的人力資源政策和實踐。有關留住高齡員工的人力資源管理實踐，有三項具體措施：培訓、彈性工作安排和工作設計。

1. 加強高齡員工訓練

　　有些刻板印象和年齡歧視態度，認為職業相關的技能隨著年齡的增長而下降。高齡員工技能和知識過時，而且不願意學習新技能和技術。但研究發現，高度專注工作的高齡員工樂於學習與發展。因此，組織應增加高齡員工的培訓課程，如此可傳達出其受重視的訊息，將有助於留任他們；換個角度看，如何促使我們所謂55歲以上的高齡員工，仍願意參加培訓，學習新知，能夠「工作到高齡，學到退休」，是面對高齡化，組織應採行的策略訓練人才管理策略。

2. 彈性、多元職務設計

　　所謂彈性、多元的工作安排，係指允許在標準工作日或工作時數外，安排工作方式，如彈性上班、部分工時、兼職等變形工時方式；或係指可以法定辦公場所之外的地點辦公，如遠程辦公、居家辦公等的替代工作選擇。這種具有選擇性的工作安排，對於組織留住高齡知識工作員工，大有裨益；它可以幫助高齡員工在屆齡退休前，漸進式地平衡個人生活和職場生活，能夠按部就班步入退休生活。另外一種彈性的職務設計，以部分工時方式回聘退休人員擔任顧問，專責諮詢，分享組織有價值的隱性知識，凡此種種皆有利於減少知識流失的衝擊。

3. 增設調節性職務

　　所謂調節性職務調整，係指無論是基於員工或組織業務需求角度考量，為妥善調節面對高齡員工工作安排，組織需考量增置若干調節性職務，讓高齡

員工可以在不會降低太多或太快其薪資所得的前提，調離高壓力、高挑戰的職務；組織或許也可以基於知識傳承或培育接班人職務歷練等業務考量，商請高齡員工調離現職，而不必使其離開組織，得以留住對組織具高價值的高齡知識型員工。

4. 散播友善高齡的職場意識

面對高齡組織的現實，組織應該特別著眼於為高齡員工規劃友善職場環境，這是一種高度針對性的人力資源管理實務，針對高齡員工所提供的專屬人力資源管理模式，以滿足留住高齡知識型員工的政策需求。這種年齡意識的發酵，是大大有利於啟動組織高齡化友善職場環境的建構。

(二) 高價值、隱性知識流失的挑戰

OECD各國政府在高齡人才管理上面臨二項挑戰。第一，年齡在55歲以上，擁有寶貴專業經驗與工作相關知識等隱性知識高齡公務人員，將在未來五年到十年退休（離）。因而，政府中央人力資源管理機構必須體察這些挑戰的嚴重性。第二，前瞻性建構一套能確保國家這批高價值、高階公務人員願意並能夠傳承那些技能及知識的人才管理策略。

黃朝盟（2005）提及，知識管理其實並非全新的組織概念。1930年代C. I. Barnard撰寫組織協調的重要性時，即強調知識管理的精神。Davenport主張知識管理的學者，多認為管理經驗的傳承需求，以及分散決策權力的需求日益迫切，現代組織的成敗日益依賴其蘊含的核心知識的累積、發展、萃取以及分享組織的核心知識。高齡知識型員工所積累的有價值隱性知識如何傳承，是公部門面對高齡組織時代，重中之重的人才管理課題。

約莫在94年間，筆者服務於人事行政局，人事前輩吳三靈先生時任主任秘書，開風氣之先，依據比爾蓋茲所發表的《數位神經系統》，在人事行政局推動知識管理資訊系統，由於觀念太新，推動不易，吳主秘借重我在業務資訊化的實務經驗，請我擔任給與處知識管理的知識長。我的實務經驗心得是，知識管理的核心是隱性知識的水平分享與隱性知識的垂直傳承，而高階常任文官工作經驗的傳承，有賴於知識管理機制的制度化。

高齡化知識型員工因長年累積的工作經驗，致擁有大量的知識、技能或智

慧。在知識管理領域中，將知識分為隱性知識和顯性知識，所謂顯性的知識，簡單地說，就是在一個組織內見諸文字的典章制度、法律規定及作業規定等；而隱性知識是專指隱藏在擁有組織核心技能、技術的一群高齡知識型員工腦海中，這種知識並不會自動地或順理成章地傳承，我們統稱為隱性知識。隱性知識往往隨著員工年齡增長和經驗的累積，更為豐富。但它不是交流的，而是通過分享經驗、觀察和模仿而獲得的。若不能做有效的知識管理，將是組織重大的損失。

（三）跨越刻板印象和年齡歧視障礙

論者有言，組織彌漫著許多對高齡知識型工作者的負面刻板印象及年齡歧視。例如，認為高齡者缺乏動力，不太擅長運用新科技技術，怠於參加培訓和職業發展，抗拒改變。然而，高齡員工也存在積極的工作態度，如忠誠度、可靠性和強烈的職業道德（Posthuma and Campion, 2009）。如何跨越刻板印象和年齡歧視障礙呢？筆者在交通部任職時發現，台鐵公司工會對於國內重大節日，如春節旅客交通疏運態度截然不同。一位已退休台鐵工會理事長曾這樣說過，年長工會會員因經驗傳承，以疏運旅客為「台鐵人」的天職與榮譽，願意於國人三個重大節日出勤並加班，但年輕工會會員卻沒有「台鐵人」傳統的犧牲奉獻精神。可見，前述對高齡員工的刻板印象，非可一概而論。更有甚者，我們認為面對公部門已然發生的高齡化現實，必須跨越刻板印象和年齡歧視障礙，應知年齡歧視是留住高齡員工心理障礙。儘管許多國家現有立法禁止年齡的歧視，但職場上不友善的年齡歧視現象，仍然斑斑可考，當力排除之。

四、歐盟及OECD會員國面對公務人力高齡化衝擊的人才管理措施

歐盟及OECD會員國面對公務人力高齡化衝擊的人才管理措施如下（OECD, 2021）：

（一）OECD面對高齡組織的一般性人力資源管理因應策略

1. 評估、並點出各級政府不同部門（如衛生和長期護理部門）公共服務的高齡化程度，及其人力供需和人力資源管理的影響。

2. 考量公共服務業務轉型和未來提供公共服務方式的公務人力需求，並評估公務人力退離的人數、時機及未來所需技能。

3. 決定提高公共服務生產力和降低總體成本的最適當方式，同時，善用退休公務人員人數的契機，採取以下具體人才管理措施：

(1) 審視撙節人事成本負擔（縮減政府規模，在組織高齡化薪資財務負擔日益沉重情境下，推動薪酬改革）和推動年金制改革（退休金給付方式從確定給付制，轉向確定提撥制；退休金提撥方式從歲收制，轉向共同儲金制；延長儲金提撥限期，降低參考工資並降低年金率，提高退休年齡）。

(2) 全面檢視政府治理能力，並針對新型態公共服務方式，進行成本效益分析，以提升政府生產力（例如，推動電子化政府）；利用公務人員大幅退離契機，推動政府部門的管理變革；推動創新管理作為政府公共管理現代化政策的核心，這在受到高齡化影響最大的部門，尤為重要。

4. 全面診斷政府部門治理能力，推動前瞻性治理能力保持策略（a forward looking capacity maintenance strategy）：

(1) 規劃新的政府招聘措施，提高政府部門的吸引力。

(2) 加強對公務人員的入職培訓和輔導。

(3) 加強職務輪調、職涯歷練及陞遷培育設計。

(4) 為培育高階公務人員，建立中層管理人員的快速晉升、培訓和技能發展。

（二）OECD針對高齡組織，因應高齡公務人員的特定人才管理策略

　　歐盟及OECD會員國政府在公務人員高齡化浪潮下，所採取的人力資源管理實務：

1. 公務人力管理實務應側重於識別公務人員技能差距，並著重於技能精進、再培訓和知識分享。

2. 在大多數公務人力體系之下，高階職位多由高齡公務人員擔任。因此，政府應更重視接班人計畫和人才管理策略，以培育新一代公共服務領導人。

3. 提高公共服務的吸引力的主要驅動力，就是建構出更具年齡包容性（age-inclusive）的公務人力職場。透過更前瞻的招募策略，政府公共服務部門可以吸引更多元的人才，最終能產生更具豐富技能和多樣化的公務人力。這意

味著消除年齡偏見的招募作為並鼓勵年齡多樣化的文化，讓所有公務人員都感到舒適和受到讚賞，而非年齡之別（OECD, 2020）。

歐盟會員國公共部門管理高齡化公務人力的各種工具，包含：1.漸進式退休；2.高齡員工的知識傳承；3.推動經驗與知識繼任計畫；4.實施特殊健康評量工具，用以促進多樣性和包容性；5.反向知識傳承／傳授；6.對員工施予高齡法案訓練；7.施予高齡人力管理訓練；8.調校員工職涯計畫；9.特定人才管理措施。根據調查顯示，運用最多的高齡人力管理手段是漸進式退休，如減少工作時間、關注工作與生活的平衡、調整上班型態（全時上班、部分工時）；其次，是高齡員工知識的傳承；第三，推動繼任規劃占46%；推動高齡法案，藉以善用高齡員工的經驗與知識占43%；推動針對高齡員工的健康照護措施占39%；以及促進公務人力多樣性和包容性措施占39%。

具體的高齡人才管理措施，包含推動高齡公務人員留用政策（只要其支薪不高於退休所得），可採之手段包含：延長退休年齡，推動年金改革、特別的人力資源管理政策（如彈性工作設計、特殊培訓），檢討高齡公務人員工作內容，俾有助於知識與經驗的傳承與轉移，以利指導和轉移知識和經驗。

以德國為例，德國聯邦政府為了因應所謂的嬰兒潮一代（1950年至1969年出生）公務人員退休潮。為了預測這種公務人力變化，聯邦政府制定了「每一年齡都緊要」（EveryAGE Counts）的公務人力變化策略。並成立一專案小組訂定人才管理措施，以確保建立長期、穩定具有吸引力的現代公共服務行列。該專案小組任務有，1.專責該國所有政府機構導入知識轉移或知識傳承機制，以降低公務人員退休時，組織核心隱性知識、技術等失傳的風險。這些可能流失的知識，不僅限於特定的技能經驗，也就是我們熟悉的「竅門」，此外，還包含與退休人員的人脈網絡、不成文的默契等。知識的結構化轉移除了技術和方法能力外，還特別注意轉移這類知識。2.建立職位庫，允許在一定的時間內，由兩位員工充任該位職位，亦即由一位即將屆齡員工與另一位經選定接任該職位的員工，共同負責該職務，此種過渡階段可防止知識流失，且可同時訓練新進同仁，一舉兩得。靈活的工作時間，可以鼓勵高齡員工漸進式退休，而不是突然退休，此外，政府機關建立彈性工時的上班制度，可以吸引那些渴望不被「朝九晚五」僵化制度牽絆的年輕人投身公務行列。

伍、結語

　　前述歐盟報告另一個重大意義是，勇敢揭示「歐洲公務人力正在變老」，我們中央人事主管機構，是不是也該正視「我們政府部門公務人力也在高齡化的事實」；歐盟國家已戮力於透過人才管理理論與實務工具，推動各種高齡人才管理具體作為；我們卻看不出有何策略性或前瞻性的人才管理措施，我們該警醒，應立即學習，該劍及履及採取行動做什麼呢？幾個參考：

一、精進公務人力規劃數據分析工具，預測公務人力變化趨勢，以期前瞻且系統性研訂高齡人才管理策略

　　具有前瞻性的人事主管機構要能夠預測人口變化，及其對公務人力供需的影響，並透過各種人才管理措施，期有效地更新技能和培養人才。政府機關要透過數據導向的人力分析，以掌握公務人力高齡化的現象及發展趨勢，超前部署人才管理策略，以利人才的新陳代謝；面對組織高齡化及核心高齡知識型員工屆齡退休，確定出知識流失和經驗失傳的領域，俾能訂定知識管理策略。

二、各機關運用資訊科技，建立知識管理機制，以利各機關高齡知識型員工隱性知識的傳承

　　我國並未重視如何確保各機關能夠在組織內傳承高齡知識型工作者知識和經驗。普遍欠缺知識管理，尤其是知識傳承的人才管理策略，無以有效促進高齡和年輕、經驗豐富和經驗不足的公務人員之間的知識轉移、傳承。

三、創新職務管理，建立「職務共構」知識傳承計畫，以利知識共享與傳承

　　創新職務管理，仿效德國職位庫，建立「職務共構」知識傳承計畫。一定的時間內，由一位即將屆齡員工與另一位經選定接任該職位的員工，共同負責該職務。另靈活的工作時間，可以鼓勵高齡員工漸進式退休。這些做法都是透過突破「一人一職」職務設計，透過「職務共構」創新思維，有利於知識共享與傳承，維持公共服務應有的治理水準。

參考書目

一、中文部分

林文燦，2015，〈政府公務人力老化問題之研究──高齡化組織概念初探〉，《人事月刊》，358：18-27。

胡瑋珊、張元嘉、張玉文譯，2005，《每日遇見杜拉克》，台北：天下文化。譯自Peter F. Drucker. *The Daily Drucker: 366 Days of Insight and Motivation for Getting the Right Things Done.* Harper Collins USA, 2004.

張敏，2009，〈公共政策外部性的理論探討：內涵、發生機制及其治理〉，《江海學刊》，1。

黃朝盟，2005，〈政府組織的知識管理現狀與挑戰〉，《政治科學論叢》，24：137-167。

二、外文部分

Anlesinya, A., Dartey-Baah, K. and Amponsah-Tawiah, K. 2019. "Strategic Talent Management Scholarship: A Review of Current Foci and Future Directions." *Industrial and Commercial Training*, 51(5): 299-314.

Dukerich, J. M., Golden, B. R. and Shortell, S. M. 2002. "Beauty Is in the Eye of the Beholder: The Impact of Organizational Identification, Identity, and Image on Cooperative Behaviors of Physicians." *Administrative Science Quarterly*, 47(3): 507-533.

Hennekam, S. and Dumazert Jean-Pierre. 2022. "Managing Talent in the Context of an Aging Global Workforce." In Ibraiz Tarique ed., *Contemporary Talent Management: A Research Companion* (1st ed.). Routledge.

King, K. A. and Vaiman, V. 2019. "Enabling Effective Talent Management Through a Macro-contingent Approach: A Framework for Research and Practice." *Business Research Quarterly*, 22(3): 194-206.

OECD 2020. *Promoting an Age-Inclusive Workforce: Living, Learning and Earning Longer*. OECD Publishing. https://dx.doi.org/10.1787/59752153-en.

OECD 2021. "Ageing and Talent Management in European Public Administrations." A report prepared by the OECD for the Slovenian Presidency of the Council of the European Union.

Posthuma, R. A. and Campion, M. A. 2009. "Age Stereotypes in the Workplace: Common Stereotypes, Moderators, and Future Research Directions." *Journal of Management*, 35(1): 158-188.

國家圖書館出版品預行編目資料

公共人力資源管理個案探討：公務人員年金政
策與制度改革多面向分析／林文燦著. －－
初版.－－臺北市：五南圖書出版股份有限
公司, 2022.12
面；　公分
ISBN 978-626-343-636-7（平裝）

1.CST: 公務人員　2.CST: 年金

573.438　　　　　　　　　111020897

1PTU

公共人力資源管理個案探討：
公務人員年金政策與制度改革多面向分析

作　　者 ― 林文燦（122.1）

發 行 人 ― 楊榮川

總 經 理 ― 楊士清

總 編 輯 ― 楊秀麗

副總編輯 ― 劉靜芬

責任編輯 ― 黃郁婷、李孝怡

封面設計 ― 姚孝慈

出 版 者 ― 五南圖書出版股份有限公司

地　　址：106臺北市大安區和平東路二段339號4樓

電　　話：(02)2705-5066　　傳　　真：(02)2706-6100

網　　址：https://www.wunan.com.tw

電子郵件：wunan@wunan.com.tw

劃撥帳號：01068953

戶　　名：五南圖書出版股份有限公司

法律顧問　林勝安律師

出版日期　2022年12月初版一刷

定　　價　新臺幣380元

經典永恆・名著常在

五十週年的獻禮 —— 經典名著文庫

五南，五十年了，半個世紀，人生旅程的一大半，走過來了。

思索著，邁向百年的未來歷程，能為知識界、文化學術界作些什麼？

在速食文化的生態下，有什麼值得讓人雋永品味的？

歷代經典・當今名著，經過時間的洗禮，千錘百鍊，流傳至今，光芒耀人；

不僅使我們能領悟前人的智慧，同時也增深加廣我們思考的深度與視野。

我們決心投入巨資，有計畫的系統梳選，成立「經典名著文庫」，

希望收入古今中外思想性的、充滿睿智與獨見的經典、名著。

這是一項理想性的、永續性的巨大出版工程。

不在意讀者的眾寡，只考慮它的學術價值，力求完整展現先哲思想的軌跡；

為知識界開啟一片智慧之窗，營造一座百花綻放的世界文明公園，

任君遨遊、取菁吸蜜、嘉惠學子！